Contents

G000149756

N.B. Unless specified to the contrary the dates quoted are those of the issues of the newspaper and not the dates of the incidents.

THE STAFF

Brigdr.	RICKETTS A.St.G.	WDD 15.2.52

1st KING'S DRAGOON GUARDS

Lt.	ROWATT D.P.	WDD 28.7.52

THE 5th ROYAL INISKILLING DRAGOON GUARDS

Battle Honours For The Korean War.

1) The Hook 1952. (Date of battle 18-19 Nov. 1952)
2) Korea 1951-1952

2/Lt.	ALBRECHT A.J.E.	KIA 5.7.52
L/Cpl.	BOOTH A.	WDD 5.7 52
TPR	BOOTTRELL R.T.	WDD 5.4.52
Cpl.	BREWER R.	KIA 14.6.52
TPR	BROWN S.	WDD 24.5.52
TPR	CAHILL J.P.	KIA 20.9.52
2/Lt.	CRITCHLEY-LARING A.C.B.	WDD 5.4.52
Capt.	DUCKWORTH P.A.	WDD 14.6.52
Lt.	FINDLAY W.F.A.	WDD 8.3.52
TPR	FORD L.	WDD 5.1.52
TPR	GARDNER K.A.	WDD 14.6.52
TPR	GOMAN B.J.	WDD 24.5.52
TPR	GOODWIN A.	WDD 5.1.52
TPR	GRACE J.W.	KIA 22.11.52
TPR	HOLMAN J.F.	WDD 14.6.52
TPR	HOLMES G.R.	WDD 30.8.52
TPR	LEWIS W.F.	WDD 6.12.52
Cpl.	LOVE J.A.	WDD 5.7.52
TPR	LUCAS G.J.	WDD 5.1.52
Capt.	MANNING I.G.	WDD 5.7.52
Sgt.	McCREADIE A.	WDD 5.7.52
TPR	McFAYDEN P.	KIA 20.9.52
L/Cpl.	METCALFE D.	KIA 20.9.52
Capt.	MURRAY G.S. 5 D.G. attd. 8th Hussars	WDD 3.5.51
L/Cpl.	RAYMOND D.R.	WDD 5.1.52
Cpl.	REYNOLDS T.A.	WDD 14.6.52
2/Lt.	SUTHERLAND F.C.	WDD 5.7.52
TPR	THORPE D.	WDD 24.5.52
TPR	WING C.R.F.	WDD 28.6.52
Sgt.	WYKES N.E	KIA 20.9.52

7th QUEEN'S OWN HUSSARS

Lt.	CARNEGIE R.M. (7th Hussars attd. 8th Hussars)	WDD 1.12.51
2/Lt.	VENNER J.B. (7th Hussars attd. 8th Hussars)	WDD 3.5.51

THE 8th KING'S ROYAL IRISH HUSSARS

Battle Honours For The Korean War.

1) Sequl (Date of battle 2-4th January 1951)
2) Hill 327 (Date of battle 16-20th February 1951)
3) Imjin (Date of battle 22-25th April 1951)
4) Kowang-San (Date of battle 3-12th October 191S)
S) Korea 1950-1951

TPR	ADAMS C.	MSG 20.1.51 POW 25.8.51 Died as POW 8.3.52
Lt.	ALEXANDER C.G.	KIA 20.1.51
Sgt.	ANDREWS F.W.	MSG 20.1.51 POW 16.6.51
Capt.	ASTLEY-COOPER D.L.	MSG 27.1.51 KIA 30.6.51
TPR	BATES C.	MSG 20.1.51 POW 15.9.51
TPR	BECKERLEY E.G.	MSG 20.1.51 POW 25.8.51
TPR	BOAST W. G.	WDD 8.12.51
TPR	CALVERLEY A. or "Calveley"	MSG 20.1.51 POW 22.9.51

		released 21.4.53
Cpl.	CAMERON F.C.	MSG 20.1.51
L/Cpl.	CAMPBELL A.E.	MSG 27.1.51 POW 23.6.51
Lt.	CARNEGIE R.M. (7th Hussars attd. to 8th Hussars)	WDD 1.12.51
TPR	CARR S.	MSG 20.1.51
TPR	CHAPMAN C.H.	MSG 20.1.51 POW 15.9.51
TPR	COATE P.	MSG 4.5.51 (RAC) POW 13.10.51
TPR	COCKS R.A.	MSG 20.1.51 POW 21.11.5
Sgt.	COLLINGS E.R.	MSG 20.1.51 KIA 8.3.52
TPR	COLLINSON J.	MSG 20.1.51
Lt.	COOK R.H.	MSG 6.10.51
Sgt.	COOKSON C.H.	WDD 8.12.51
TPR	COSTELLO G.C.	DOW 31.3.51
TPR	DAVIDSON T.W.	WDD 17.11.51
TPR	DOOLEY R.	MSG 20.1.51 POW 25.8.51
L/Cpl.	ERRICKER R.D. or "RC"	MSG 20.1.51 POW 8.12.51
TPR	FAWCETT E.	MSG 20.1.51 POW 23.6.51
Sgt.	GARAWAY H.F.	WDD 20.10.51
TPR	GWADERA M.	Not reported MSG POW 8.12.51
TPR	HALL D. WSS 17.11.51	
TPR	HAYNE F.J.	WDD 17.11.51
Cpl.	HOGG H.E.	MSG 20.1.51 POW 15.12.51
Cpl.	HOLBERTON J.W. or Sgt. J.W.N. (RAC)	MSG 4.5.51 POW 13.10.51
TPR	HOLLAND C.H.	MSG 20.1.51 POW 8.12.51
TPR	JONES B.	MSG 20.1.51 POW 1.12.51
L/Cpl.	LIVETT J.S.	MSG 20.1.51

Sgt.	MARTIN J.	WDD 4.8.51
TPR	McMANUS E.H.	MSG 20.1.51 POW 15.9.51
Capt.	MURRAY G.S. (5th Dragoon Guards attd. to 8th Hussars)	WDD 3.5.51
TPR	O'CONNOR S.J.	KIA 29.10.51
TPR	O'DONNEL E.	MSG 4.5.51 POW 22.12.51 Times 21.4.53 (RAC) Released 20.4.53
Capt.	ORMROD P.C.	WDD 3.5.51
TPR	PARKER C.F.	WCD 17.11.51
TPR	PARKER S. or "RS"	MSG 20.1.51 POW 29.9.51
TPR	RICHARDSON R.R.	MSG 20.1.51 POW IS.9.51
Lt.	ROBYN ?? D.F.P.C.	MSG 27.1.51
TPR	ROWLEY P.F.	MSG 20.1.51 KIA 28.4.51 POW 20.10.51
TPR	SADLER C.A.	MSG 20.1.51 POW 15.9.51
TPR	SEARS S.F. (RAC)	MSG 4.5.51 POW 6.10.51
TPR	SMITH A.R. (RAC)	MSG 4.5.51 KIA 7.7.51
Cpl.	SPURR A.	MSG 20.1.51 POW 29.10.51
Cpl.	STONE E. (RAC)	MSG 4.5.51 POW 2g.10.51
TPR	SURRIDGE A.E.	MSG 20.1.51 POW 15.9.51 Times 21.4.53 Released 20.4.53
TPR	TAYLOR B.	WDD 6.1.51
Capt.	TAYLOR G.J.	MSG 20.1.51 POW 25.8.51
Lt.	VENNER J.B. (7th Hussars attd. to 8th Hussars)	WDD 3.5.51
Lt.	WALKER J.C.F.	MSG 29.10.51 KIA 17.11.51
TPR	WALTON M.L. (RAC)	MSG 4.5.51 KIA 7.7.51

TPR WARD P. WDD 29.10.51

Cpl. WHITE V.F. MSG 20.1.51
POW 7.7.51

Capt. WHITFIELD G.N.R. WDD 9.6.51

TPR WILLIAMS D.P. WDD 17.11.51

TPR WILMOTT A.G. KIA 31.3.51

Capt. WOOD H.H. WDD 20.10.51

THE ROYAL TANK REGIMENT

L/Cpl. ANDREWS J.F.L. WDD 2.2.53

L/Cpl. DICKINSON A. WDD 3.3.51

Tpr. ESHELBY P.M. WDD 24.1.53

Lt. FORTY G. WDD 13.6.53
(R.T.R. attd. D.W.R.)

Sgt. STREATHER S.B. DOW 3.3.51

THE ROYAL ARMOURED CORPS

Tpr. BAUGH J.B. MSG 4.5.51

Tpr. BIELBY K.M. MSG 4.5.51
POW 29.10.51

Tpr. CLIFFE R. WDD 4.5.51

Tpr. COATE P. MSG 4.5.51
8th Hussars POW 13.10.51

Tpr. DAVIS K.A. WDD 20.6.53

Tpr. DIXON P.G. KIA 27.6.53

Tpr. DUNN J.W. MSG 4.5.51

2/Lt. FARMER M.G. WDD 6.6.53

Lt. FORTY G. WDD 13.6.53
(R.T.R. attd. D.W.R. !

Tpr. HARTLEY W. WDD 16.5.53

Cpl. HOLBERTON J.W. MSG 4.5.51
or "Sgt. J.W.N." 8th Hussars POW 13.10.51

Tpr. JOHNSON W.N. WDD 2.5.51

L/Cpl. KING J.W.L. MSG 4.5.51

Tpr. LEIGHTON S. WDD 6.6.53

Cpl. McNAMARA V. WDD 4.5.51

Tpr. O'DONNELL E. MSG 4.5.51
8th Hussars POW 22.12.51
Times 21.4.53
Released 20.4.53

Tpr. POULTON D.S. WDD 4.5.51

Tpr. RAWLINS W.D.J. WDD 16.5.53

Sgt. REEKIE D.R. MSG 4.5.51

Sgt. ROWAN F. WDD 4.5.51

Tpr. SEARS S.F. MSG 4.5.51
8th Hussars POW 6.10.51

Tpr. SMITH A.R. MSG 4.5.51
8th Hussars KIA 7.7.51

Cpl. STONE E. MSG 4.5.51
8th Hussars POW 29.10.51

Tpr. WALTON M.L. MSG 4.5.51
8th Hussars KIA 7.7.51

THE ROYAL REGIMENT OF ARTILLERY

Capt. ABBOTT P.E. WDD 21.7.52

L/Bdr. ALDER K. KIA 7.3.53

Gnr. ALLAN M. WDD 15.9.52

Gnr. ANDREWS F. WDD 12.4.52

Gnr. ARCHER R. WDD 4.10.52
L/Dbr. WDD 20.12.52
L/Bdr. KIA 27.6.53

Gnr. ARCHIBALD A KIA 1.6.53

Gnr. ARNALL J. MSG 20.1.51
POW 6.10.51

Sgt. ASELBY S.E. MSG 2.5.51

Gnr. ASHELFORD S.E. WDD 8.12.51

W02(BSM) ASKEW G.E. MSG 2.5.51
POW 29.9.51

Gnr. BALDOCK A.J. KIA 3.3.51

Gnr. BANBURY M. DOW 15.9.52

Gnr. BANKS G.E. WDD 29.10.51

Gnr. BELL G. WDD 10.3.51

Capt. BIRTLES G.S. WDD 9.5.53

Gnr. BLAKEY A. WDD 27.6.53

Gnr.	BLAND J.	WDD 24.5.52
Sgt.	BOSWELL D.	MSG 2.5.51
Gnr.	BOULTON D.	MSG 2.5.51 POW 13.10.51
Gnr.	BOWEN W.D.P.	WDD 21.7.52
Gnr.	BRADLEY C.T.	WDD 8.11.52
Gnr.	BREAKWELL H.	KIA 29.10.51
L/Bdr.	BP.ETTELL M.A.	KIA 4.10.52
Bdr.	BRISTOW L.	MSG 20.1.51
Sgt.	BROADBENT R.H.	KIA 4.10.52
Gnr.	BROOMER R.L. or "R"	MSG 2.5.51 POW 1.12.51
Gnr.	BROWN D.G.	WDD 8.12.51
Gnr.	BRUCE A.	MSG 2.5.51 POW 29.10.51
Gnr.	BULL K.M.	WDD 22.11.52
Gnr.	BURNS L.	MSG 2.5.51
Gnr.	BUSHBY E.G.	MSG 2.5.51 POW 29.10.51
Gnr.	BUTTON R.E.	MSG 4.5.51
Gnr.	CAMERON J.	MSG 2.5.51 POW 6.10.51
Gnr.	CAMP J.W.	KIA 4.5.51
Gnr.	CAMPBELL C.	WDD 4.10.52
Gnr	CAMPBELL N R	MSG 2 5 51 POW 6.10.51
Gnr.	CAMPBELL W.	WDD 24.5.52
Gnr.	CAPSTIGK A.	WDD 12.5.51
Sgt.	CAWLEY T.	DOW 6.12.52
Gnr.	CAWOOD G.	KIA 20.1.51
Gnr.	CAWS C.M.L.	KIA 13.6.53
2/Lt.	CHAPLIN F.L.	WDD 6.9.52
Gnr.	CHARNLEY J.P	W0D 2.8.52
Gnr.	CHRISTOPHER C.	WDD 20.1.51
L/Bdr.	CLARKE G.M.	MSG 4.5.51 POW 29.9.51
Gnr.	CLEMEMTS A.E.	WDD 13.6.53
Gnr.	CLINTON J.	MSG 20.1.51
L/Bdr.	CLOUGH T.	MSG 2.5.51 POW 6.10.51
Gnr.	COLLINS A.H.	MSG 2.5.51 POW 6.10.51
Lt.	COLTHURST B.H.	WDD 7.7.51
Sgt.	COLVERSON J.A.	DOW 6.6.53
Gnr.	COOPER J.A. or "JH"	MSS 2.5.51 POW 6.10.51
Gnr.	CORTEEN C.B.	WDD 1.11.52
Gnr.	CRACKLE W.	WDD 3.3.51
Gnr.	CRUIKSHANKS R.	DOW 4.5.51
Gnr.	CURTISS T.L.	KIA 20.1.51
Capt.	DAIN C.S.R.	MSG 2.5.51 POW 17.11.51
Bdr.	DALEY T.	MSG 2.5.51
L/Bdr.	DALTON K.J.	WDD 12.7.52
Sgt.	DANES H.W.	MSG 2.5.51
Gnr.	DAVIES D.	WDD 20.1.51
Gnr.	DIGAN E.	MSG 20.1.51 POW 29.10.51
Gnr.	DOWKES R.E.	KIA 29.10.51
Gnr.	DUNNACHIE M.E.	MSG 2.5.51 POW 6.10.51
Gnr.	EDSON E.E.	MSG 2.5.51 POW 6.10.51
Gnr.	EDWARDS W.A.	KIA 20.1.51
Gnr.	ELDRETT H.W.	WDD S.ll.Sl
Gnr.	ENGLAND R.	MSG 20.1.51 KIA 30.6.51
Gnr.	EVANS G.E.	WDD 6.12.52
Gnr.	FAIRHURST J.	WDD 4.5.51
Major	FISHER HOCH T.V.	WDD 3.3.51
Bdr.	FITZGERALD G.J. or "DJ"	MSG 2.5.51 POW 24.11.51
Capt.	FLEMING R.D.	MSG 20.1.51 KIA 30.6.51
L.Bdr.	FLETCHER T.	WDD 1.6.53

Gnr.	FOY S.	MSG 20.1.51 KIA 30.6.51
L/Bdr.	FRENCH E.	WDD 20.1.51
Gnr.	GABBS J.C.	MSG 2.5.51
Gnr.	GARDNER F.G.	MSG 2.5.51 POW 13.10.51
Gnr.	GELL K.	WDD 8.11.52
Lt/T/Capt	GIBBON A.H.	MSG 20.1.51 POW 5.11.51
Bdr.	GIEBS D.I.	WDD 8.11.52
Gnr.	GIBSON T.F.	MSG 2.5.51
Gnr.	GILMORE C.H.	WDD 12.7.52
2/Lt.	GODFREY H.W.	WDD 25.4.53
Bdr.	GOOCH F.W.	WDD 10.3.51
Gnr.	GOODING J.A.	WDD 3.3.51
Gnr.	GORE P.	WDD 29.10.51
Lt.	GOSS W.R.	WDD 3.3.51
Capt.	GRANT N.C.O.	WDD 13.6.53
Gnr.	GRAYSTON N.	KIA 20.1.51
Gnr.	GRIFFITH D.	WDD 4.5.51
Sgt.	HALES J.D.	WDD 2.5.51
Gnr.	HARRIS J.	MSG 2.5.51
Cnr.	HARRISON R.	KIA 20.1.51
Gnr.	HARVEY S.	WDD 10.3.51
Gnr.	HARVEY T.	WDD 2.5.51
Gnr.	HEPPLE J.	MSG 2.5.51 POW 13.10.51
Gnr.	HEPPLIWHITE J.H.	WDD 13.6.53
Gnr.	HASFORD B.	MSG 2.5.51 POW 13.10.51
Gnr.	HEWITT W.	KIA 4.5.51
L/Bdr.	HIGHAM R.	WDD 28.4.52
Gnr.	HILDREW J.W. or "J"	MSG 2.5.51 POW 29.10.51
Gnr.	HILL D.G.	DOW 24.5.52
Gnr.	HOLLISTER J.C.	WDD 8.12.51
Capt.	HOLMAN W.M. (MBE)	MSG 20.1.51
Gnr.	HOUNSLEA J.W.	WDD S.Il.Sl
Sgt.	HOWARD G.W.A.	WDD 13.6.53
Lt.	HUDSON A.B.S.	KIA 4.5.51
Bdr.	HUDSON H.J	KIA 13.6.53
Gnr.	HUNTER G.	WDD 2.8.52
Gnr.	JAYNES K.	DOW 21.6.52
Lt.	JEFCOATE M.A.G.	WDD 13.6.53
Capt.	JENKINS A.V.	DOW 29.9.51
Gnr.	JOHNSON C.R.G.	hfDD 6.6.53
Gnr.	JONES H.E.	WDD 13.6.53
Gnr.	JONES V.J.	WDD 8.11.52
Bdr.	JONES P.J.D.	WDD 1.11.52
Gnr.	KEATING P.J.	KIA 27.6.53
Gnr.	KILBURN F.J.	KIA 2.5.51
Gnr.	LAKER D.N.	WDD 8.11.52
Gnr.	LAMBERT A.	WDD 7.3.53
Capt.	LANE J.L.	MSG 20.1.51 KIA 4.8.51
Gnr	LEAK L.	MSG 20.1.51 POW 13.10.51
Gnr.	LEWIS A.	WDD 5.7.52
L/Bdr.	LINTOTT R.A.	MSG 2.5.51 POW 13.10.51
L!Bdr.	LOBLEY E.	WDD 2.8.52
Gnr.	LORIMER M.G.	MSG 2.5.51 POW 6.10.51
L/Bdr.	MACKAY M.A.	MSG 2.5.51 POW 13.10.51
Gnr.	MACKIE D.	MSG 2.5.51
L/Bdr.	MACLEAN S.	WDD 8.12.51
Gnr.	MAIR M.	MSG 2.5.51
L/Bdr.	MALBY J.G.	WDD 20.1.51
L/Bdr.	MANN V.J.	WDD 10.3.51 WDD 29.10.51

Gnr.	MARTIN J.	MSG 2.5.51 POW 13.10.51
Bdr.	MARYAN E.	MSG 2.5.51
Gnr.	MASON J.	MSG 2.5.51 POW 13.10.51
Lt.	MAWSON B.A.F.	WDD 4.10.52
Gnr.	MAY G.H.	MSG 20.1.51
Gnr.	McBAIN I.C.	WDD 4.10.52
Gnr.	McCAFFERTY D.	KIA 5.7.52
Bdr.	McCARTNEY K.	WDD 12.7.52
Gnr.	McCLURE D.	WDD 6.6.53
Gnr.	McCRICKETT J.	WDD 15.9.52
Gnr.	McDONALD C.W.	WDD 25.4.53
Gnr.	McDONALD D.W.	MSG 2.5.51 POW 6.10.51
W02	McDONALD J.P.	WDD 8.12.51
Gnr.	McELEAVEY B.	WDD 10.3.51
Gnr.	McFARLANE H.B.G.	MSG 2.5.51
R/Bdr.	McINERNEY J.	WDD 25.4.53
Gnr.	McMUNNIGAL W.	WDD 13.6.53
Lt.	MEASOR A.J.	KIA 2.8.52
Gnr.	MENEAUD M.	MSG 2.5.51 POW 13.10.51
Gnr.	MICKLETHWAITE J.	MSG 4.5.51 Died as POW 1.8.53
Capt.	MILLER W.M.	KIA 21.3.53
Gnr.	MITCHELL R.	WDD 30.9.50 DOW 28.10.50
Sgt.	MOIR P.J.	DOW 25.4.53
Gnr.	MOORE D.A.	WDD 8.11.52
Bdr.	MOORE F.W.	MSG 20.1.51 POW 13.10.51
Gnr.	MOORE J.E.	WDD 10.3.51
Bdr.	MORGAN J.D.	MSG 20.1.51 POW 29.10.51
Gnr.	de MOUILOIED R.W.	WDD 13.6.53

Gnr.	MOULD J.	WDD 12.7.52
A/Bdr.	MULHOLLAND R.J.M.	WDD 13.6.53
Bdr.	MUNCASTER G.R. or "JR"	MSG 2.5.51 POW 10.11.51
Bdr.	NEWBOLD A.	WDD 7.3.53
Capt.	NEWCOMBE A.M.L.	KIA 4.5.51 POW not KIA 29.9.51
Sgt.	NEWELL E.E.	WDD 8.11.52
Gnr.	NEWMAN R.B.	KIA 24.2.51
Gnr.	NICHOLLS R.W.	WDD 29.10.51
Gnr.	NUTMAN J.	KIA 24.2.51
L/Bdr.	NUTTING T.L.	MSG 2.5.51
Bdr.	OLIVER G.F.	MSG 2.5.51
Gnr.	O'NEILL M.	MSG 2.5.51 POW 13.10.51
Gnr.	ORMESHER T.	MSG 2.5.51 POW 6.10.51
Gnr.	OSBOURNE H.	WDD 8.11.52
Gnr.	PARKES C.J.	WDD 25.4.53
2!Lt.	PARRITT B.A.H.	WDD 20.6.53
Gnr.	PASHLEY N.	WDD 13.6.53
Gnr.	PATE G.F.G.	WDD 6.6.53
Major	PEARCE W.H.	WDD 3.5.51
Gnr.	PERRY L.A.	WDD 4.4.53 WDD 13.6.53
Gnr.	POCHIN E.G.	MSG 2 5.51 POW 13.10.51
Gnr.	POULTON N.	WDD 22.11.52
Sgt.	PRATT L.A.	WDD 9.5.53
Gnr.	QUINN D.D.	WDD 4.10.52
L/Bdr.	RAYMENT D.M.	MSG 2.5.51 POW 10.11.51
Gnr.	REES M.B.	MSG 2.5.51 POW 29.10.51
Gnr.	RICK L.R.	WDD 31.5.52
Capt.	RICKWOOD A.E. (DFC)	WDD 12.7.52

Gnr.	ROBBINS T.J.	WDD 2.8.52
Gnr.	ROBERTS D.A. or "L/Bdr"	MSG 2.5.51 POW 13.10.51
Gnr.	ROBERTSON M.W.	WDD 28.4.52
L/Bdr.	ROBINSON S.B.	WDD 8.12.51
Gnr.	RONALD W.S.	WDD 8.11.52
6nr.	ROSS R.W.	MSG 2.5.51 POW 13.10.51
Sgt.	ROTHWELL F.	WDD 24.5.52
Gnr.	RUFFELL S.G.	WDD 2.8.52
Gnr.	RUSSELL A.W.	MSG 2.5.51
Lt.	SARGENT E.J.	WDD 24.2.51
WO2	SHAW A.	WDD 13.6.53
Snr.	SHAW D.R.	WDD 4.5.51
L/Bdr.	SHUTLER C.W.	WDD 10.3.51
L/Bdr.	SIMMS E.S.	MSG 2.5.51
Sgt.	SIMPSON J.B.	WDD 13.6.53
Gnr.	SLADE W.R.	MSG 20.1.51 re-joined
L/Bdr.	SLATER T.G.J.	WDD 28.7.52
Gnr.	SMITH E. or "NE"	MSG 2.5.51 POW 29.10.51
L/Bdr.	SMITH E.	WDD 12.7.52
Gnr.	SMITH E.	WDD 6.12.52
Gnr.	SMITH J.	WDD 5.11.51
Gnr.	SNELL J.A.	MSG 20.1.51
Gnr.	SOANES P.	WDD 29.9.52
Gnr.	SPURR B.	WDD 29.10.51
Gnr.	STEVENSON W.	WDD 13.6.53
Gnr.	STOCKS J.	MSG 2.5.51
Gnr.	STOKOE W.	WDD 1.6.53
Gnr.	STONE M.J.	WDD 16.5.53
Gnr.	STOTT E.	MSG 2.5.51 POW 13.10.51
Gnr.	TAPLIN L.G.	MSG 20.1.51

Major	THOMPSON C.P.	WDD 8.11.52
Capt.	THOMPSON J.K. (MC)	KIA 12.7.52
Gnr.	THOMPSON R.	MSG 20.1.51 POW 13.10.51
Gnr.	TOMPSON R.E.	WDD 29.10.51
Gnr.	TOLLEY K.R.	MSG 2.5.51
Gnr.	TRACEY J.C. or "JE"	MSG 2.5.51 POW 13.10.51
Gnr.	USHER F.	MSG 2.5.51
Gnr.	VICKERSONS S.J. or "Vickerson"	MSG 2.S.S1 POW 13.10.51
Major	WARD G.T.	MSG 2.5.51 POW 17.11.51
Capt.	WARREN J.B.	KIA 8.12 51
Capt.	WASHBROOK R.F.	MSG 2.5.51 POW 17.11.51 Died as POW 16.2.52
Sgt.	WATSON J.G.	MSG 2.5.51
A/Sgt.	WELCH P.A.	WDD 9.5.53
Bdr.	WETS J.C.	WDD 4.5.51
Gnr.	WHARTON W.G.	WDD 4.10.52
Gnr.	WILLIAMS K.	WDD 6.6.53
Gnr.	WILLIAMS K.	KIA 27.6.53
Bdr.	WILLIAMS S.E.	DOW 6.12.52
Pte.	WILLIAMS W.I.H. (ACC attd RA)	WDD S.ll.Sl
Gnr.	WILLIAMSON J.W.	WDD 24.5.52
Gnr.	WILLIAMSON S.W.	MSG 2.5.51 POW 13.10.51
Capt.	WISBY F.R. (MC)	MSG 2.5.51 POW 6.10.51
Gnr.	WOOD W.	MSG 20.1.51
WO2	WOOSNAM C.R.	KIA 4.10.52
Gnr.	WRIGHT L.	MSS 20.1.51
Gnr.	WRIGHT T.	WDD 24.5.52
Gnr.	WRIGHT W.	WDD 5.7.52
Gnr	WYKES P.	WDD 6.6.53

Gnr. YATES G. MSG 2C.1.Sl
KIA 30.6.51

THE CORPS OF ROYAL ENGINEERS

Spr. ADAIR R.A. WDD 2.5.51

Spr. ARNOLD P.W. WDD 21.4.51

Spr. BALDWIN R. WDD 2.5.51
now MSG 7.7.51

Sgt. BALL G.E. KIA 7.7.51

L/Cpl. BALLS D. WDD 2.5.51

Capt. BAYTON-EVANS H. DOW 7.7.51

Spr. BEAUCHAMP A. DOW 10.11.51

Spr. BECK J.M. DOW 27.6.53

L.Cpl. BESWICK R. WDD 31.5.52

Spr. BLAKEY H. WDD 28.4.52

Spr. BOOTLE R.P. KIA 21.2.53

Spr. BRAIN E. WDD 5.7.52

L/Cpl. BROWN S.E. MSG bel POW 6.12.52
now POW 16.5.53

Capt. CARR C.D. WDD 31.5.52

Spr. CHARLTON J.G. WDD 2.5.51

Spr. CONROY J. WDD 2.5.51

Cpl. COOKSON E.W. WDD 1.3.52

LjCpl. COTMAN E.K. WDD 8.11.52

Spr. CRAINE M.B. WDD 7.7.51

Spr. CRAWFORD R. WDD 20.6.53

Capt. CROFTON P. KIA 29.11.52

Spr. CROOK D. WDD 27.6.53

Spr. DEMPSEY P. WDD 2.5.51

L/Cpl. DIGBY N.S. WDD 20.6.53

Spr. DOOLEY F.J. WDD 24.5.52

Spr. DORAN J.L. WDD 25.4.53

2/Lt. DUNN J. WDD 12.7.52

Lt. EASTGATE K.W. MSG 2.5.51
now KIA 7.7.51

5pr. FAULKNER R.E. WDD 8.11.52

2/Lt. FIRTH J.K.A. KIA 8.12.51

Spr. FREEDMAN D. WDD 5.7.52

Spr. GAMBLE J. WDD 2.5.51

L/Cpl. GARRETT J. WDD 20.6.53

Spr. GILDUFF T. WDD 17.11.51

Spr. GLENVILLE A.V. KIA 13.6.53

Spr. GOLDING G.R. WDD 10.11.51

Spr. GOOD MAN J. KIA 26.1.52

Spr. GRAHAM A. WDD 10.2.51

L/Cpl. GREEN R.G. WDD 24.1 53

Spr. HARRIS W. WDD 20.6.53

Spr. HARVEY R. MSG 2.5.51

Spr. HASELL J.C. WDD 5.7.52

Spr. HAWTHORNE K. WDD 8.11.52

Spr. HENDERSON G. DOW 12.7.52

Spr. HEWITT K. WDD 17.11.51

Spr. HIGGINS S.J. KIA 7.7.51

L/Cpl. HOGG A.S. MSG 2.5.51
POW 13.10.51

Cpl. HOLLICK F. WDD 22.11.52

Spr. HOLLIS J. MSG 2.5.51
POW 15.12.51

Spr. HOLLOWAY D. WDD 28.7.52

Cpl. HOPE J.A. WDD 6.6.53

Sgt. HUMPHREYS F. WDD 12.7.52

Cpl. HUTTON D.J. WDD 1.3.52

2/Lt. JACKSON A. WDD 2.8.52

Spr. JUDD V.D. KIA 2.5.51

2/Lt. LEEKE M.G.H. WDD 10.1.53

Cpl. LIOSCHILD B. KIA 1.6.53

Spr. LOCKE L.W. WDD 24.5.52

Spr. MARTIN J. WDD 20 6.53

Spr.	McCORMICK A.	WDD 2.5.51
Spr.	McDONAGH K.	KIA 10.11.51
Spr.	McGOWAN J.	MSG 6.12.52 POW 9.5.53
L/Cpl.	McLAUGHLAN J.F.	WDD 2.5.51
Spr.	MEDUS V.A.	KIA 29.9.51
Spr.	MILNES R. (28 FD Regt)	MSG 1.3.52 POW 6.12.52 Released 21.4.53 Times 22.4.53
Sgt.	MORGAN A.J.	KIA 2.2.53
Spr.	MURPHY P.	WDD 24.5.52
Spr.	MURRAY B.	WDD 22.3.52
L/Cpl.	O'KANE J.	WDD 2.5.51
Lt.	PARK P M	DOW 8.3.52
Spr.	PASHLEY W.	WDD 21.4.51
Spr.	PEARSON I.S.	WDD 29.11.52
Spr.	PRICE F.	WDD 2.5.51
Spr.	REES W.R.	WDD 2.5.51
Spr.	RENNIE R.A.	MSG 2.5.51
Spr.	RINGE A.J.W.	KIA 31.5.52
Lt.	ROBINSON G.B.	KIA 7.7.51
Spr.	ROSE G.B.	WDD 20.6.53
Cpl.	RUSHWORTH R.	WDD 20.10.51
Cpl.	SEAGER S.G.	SDD 2.5.51
Spr.	SHEERIN E.	WDD 22.11.52
Spr.	SIDDLE G.R.	KIA 22.3.52
Spr.	SPELMAN J.	WDD 7,7.51
Spr.	STEER R.	WDD 24.5.52
Major	STEPHENS H.W.B.	WDD 29.10.51
Spr.	STEWART S.	WDD 9.5.53
Spr.	SUART D.W.	WDD 2.5.51
Lt.	SWINBANKS B.	DOW 2.5.51
2/Lt.	THOMSON I.A.D.	WDD 28.7.52
Spr.	VAUGHAN F.J.	DOW 20.6.53
Spr.	WALL A.	WDD 20.6.53
Spr.	WHITE J.T.	MSG 6.12.52 POW 9.5.53
Spr.	WILDING W.V.	WDD 10.2.51
Spr.	WILKINSON A.	MSG 6.12.52 POW 9.5.53
L/Cpl.	WILSON J.E.C.	WDD 29.10.51
Sgt.	WILSON K.h.	WDD 18.10.52
Sgt.	WILSON K.H.G.	WDD 29.10.51
Spr.	WISEMAN T.	WDD 29.10.51
Spr.	WOOD N.A.	WDD 2.8.52
Spr.	WRIGHT J.P.	WDD 29.11.52
Spr.	WYLIE C.L.	MSG 2.5.51

THE ROYAL CORPS OF SIGNALS

Cpl.	BEARNE C.W.S.	KIA 30.9.50
Sigmn.	CAIRNS 3.T.	MSG 2.5.51
Sigmn.	DALEY R.R.	WDD 17.11.51
L/Cpl.	EMMS J.W.	WDD 7.10.50
L/Cpl.	FOWLER J.	WDD 22.12.51
Sigmn.	GRANT C.	WDD 11.11.50
Dvr.	GREENMAN E.	MSG 4.5.51
Dvr.	HICKSON E.G.	WDD 29.10.51
Sigmn.	JENNINGS H.	MSG 2.5.51 POW 13.10.51
Cpl.	KITSON M.H.F.	WDD 29.10.51
Dvr.	MILES A.E.	MSG 2.5.51 POW 13.10.51
Cpl.	MOODY G.	WDD 20.10.51
Dvr.	NEWMAN L.	WDD 4.5.51
Cpl.	RUDGE J.M.	DOW 11.11.50
Sigmn.	SCOTT T.C.	WDD 5.4.52
Sigmn.	WAGSTAFF A.	WDD 11.4.53
L/Cpl.	WARD S.	MSG 2.5.51

POW 13.10.51

Sigmn. WARE P.P. KIA 22.12.51

THE ROYAL SCOTS (THE ROYAL REGIMENT)

2/Lt. HENDERSON J.C. WDD 20.10.51 (attd KOSB)

THE QUEENS ROYAL REGIMENT (WEST SURREY)

Pte. BACON D.F.J. (attd. R/Fus.) WDD 29.11.52

Pte. BROOKS E.J. (attd. R/Fus.) WDD 6.12.52

Cpl. ELDRIDGE J. (attd. Middx.) WDD 23.12.50

Pte. GWYNNE S.J. (attd. R/Fus.) KIA 9.5.53

L/Cpl. HARVEY E. (attd. R/Fus.) WDD 20.1Z.52

L/Cpl. MOORE T. (attd. Middx.) WDD 2.5.51

2/Lt. REYNOLDS M.F (attd. Norfolks) WDD 23.8 52

Cpl. SMITH E.W. (attd. Norfolks) KIA 1.12.51

THE BUFFS (ROYAL EAST KENT REGIMENT.)

Lt. HERBERT G.P. (Buffs attd. Glosters) WDD 3.3.51

W/Sgt. RICHARDS H.F. (Buffs attd. KSLI.) KIA 12.4.52

Pte. STACEY N. (Buffs attd. R. Fus.) WDD 27.6.53

Pte. WILLIAMS E.C. WDD 12.7.52

Pte. WRIGHT C.E. (Buffs attd. KSLI.) WDD 29.3.52

THE KINGS OWN ROYAL REGIMENT (LANCASTER)

Pte. GREEN R.W. (Attd. Welch) WDD 12.1.52

L/Cpl. MILBURN R. (Attd. Welch) WDD 22.12.51

Cpl. WILSON J. (Attd. Welch) WDD 19.1.52

THE ROYAL NORTHUMBERLAND FUSILIERS

Battle Honours For The Korean War

1) Sequl (Date of battle 2-4th Jan 1951)
2) Imjin (Date of battle 22-25th April 1951)
3) Kowang-San (Date of battle 3-12th Oct 1951)
4) Korea 1950-1951

Fus. ABLEOT C.R. or "Ablett" MSG 3.5.51 POW 6.10.51

2/Lt. ADAMS-ACTON L.S. MSG 22.12.51

Fus AITKEN J. MSG 3.5.51

Fus ALLAN G. WDD 23.12.50

Cpl. ALLEN R.F. WDD 20.10.51

Fus ALLPORT J.A. WDD 2.5.51

Fus. AMOS J.M. WDD 20.1.51

Fus. ANGUS T. or "P" MSG 3.5.51 KIA 7.7.51

Fus. ARNELL E. WDD 2.5.51

Fus. ARNO H. MSG 20.1.51

Fus. BADEER J. WDD 29.10.51

Sat. BAGGOTT A.F. MSG 3.5.51 now KIA 13.6.53

Cpl. BAILEY C. KIA 20.1.51 Also reported WDD 2.5.51

Fus. BAINBRIDGE F.A. WDD 2.6.51

L/Cpl. BAINBRIDGE W. WDD 12.5.51

Fus. BAIRD B. MSG 3.5.51 POW 29.9.51

Fus. BAKER F.W. WDD 29.10.51

Fus. BAPTIST W. WDD 13.10.51

Cpl.	BARBOUR C.	WDD 3.2.51
Fus.	BARKER J.B.	WDD 2.5.51
Fus.	BARNES W.	WDD 20.10.51
Fus.	BARSBY W.	WDD 29.10.51
Fus.	BARTELL S.G. or "S"	MSG 3.5.51 POW 6.10.51
Lt.	BARTHOLEMEW A.J. (Foresters attd. RNF)	WDD 29.10.51
Fus.	BARTON D.	MSG 3.5.51 POW 29.9.51
Fus.	BASTABLE L.	WDD 20.1.51 also reported MSG 3.5.51
Sgt.	BATES J.	KIA 20.1.51
Fus.	BATEY J.W.	KIA 20.1.51
Lt.	BAXTER J.P.	WDD 20.10.51
2/Lt.	BEACH N.G.G. (East Yorks attd. RNF)	WDD 21.7.51 also reported as Lt. WDD 29.10.51
Lt.	BEAVIS L.J. (West Yorks attd. to RNF)	WDD 20.1.51 also reported WDD 29.10.51
Fus.	BEDFORD R.	WDD 2.5.51
Fus.	BELLAMY G.	WDD 20.10.51
Fus.	BENNETT E.	WDD 20.1.51
Fus.	BENNETT R.	WDD 29.10.51
Cpl.	BENSON G.	WDD 20.1.51
Fus.	BIRKETT J.	WDD 2.5.51
Capt.	BLENKINSOP R.E.	WDD 20.1.51
Fus.	LLOORE T.E.	M5G 3.5.51
Fus.	BOLLAND M.	WDD 29.10.51
Sgt.	BONE J.T.	WDD 20.10.51
Fus.	BOWMER W.H.	WDD 20 1 51
Fus.	BRANNAN H.	WDD 29.10.51
Cpl.	BRAYSHAW D.	WDD 20.10.51
Fus.	BRIGGS D.	MSG 2.5.51 POW 13.10.51
Fus.	BRIGGS W.R.	KIA 29.10.51

Fus.	BROADBENT no initial quoted	WDD 2.5.51
Fus.	BROADHEAD D.	KIA 29.10.51
Fus.	BROADWAY S.D.	KIA 2.5.51
Fus.	BROTHERSON A.	DOW 29.10.51
Fus.	3ROWNE A.R.	KIA 23.12.50
Fus.	BROWN-KING F.	WDD 2.5.51
Fus.	BROWNLIE F.D.	WDD 20.1.51
Fus.	BUCKTHORPE C.H.	WDD 2.5.51 MSG 20.10.51 now KIA 2.2.52
Fus.	BURGESS R.	WDD 2.5.51
L/Cpl.	BURLAND A.	WDD 2.5.51
Fus.	BURTON G.G.	WDD 20.10.51
Cpl.	BUTTERWORTH J.	WDD 20.1.51
Cpl.	CAIN L.	WDD 20.1.51
Fus.	CALWELL J.	WDD 29.10.51
Fus.	CAMPBELL R.	WDD 2.5.51
Fus.	CANNON J.W.	MSG 20.1.51
Fus.	CASE R.A.	WDD 2g.10.51
Fus.	CASPER T.A.	MSG 29.10.51
Fus.	CATCHPOLE M.	MSG 3.5.51
Fus.	CHAMBERLAIN T. (RNF attd Leics.)	WDD 17.11.51
L/Cpl.	CHAMBERS S.	WDD 2.5.51
Fus.	CHAMBERS S.	MSG 3.5.51 POW 6.10.51
Fus.	CHARLESWORTH A.	WDD 2.5.51
Cpl.	CLARICOATES R.	WDD 29.10.51
Fus.	CATCHPOLE M.	MSG 3.5.51
Fus.	CHAMBERLAIN T. (RNF attd. Leics.)	WDD 17.11.51
L/Cpl.	CHAMBERS S.	WDD 2.5.51
Fus.	CHAMBERS S.	MSG 3.5.51 POW 6.10.51
Fus.	CHARLESWORTH A.	WDD 2.5.51

Cpl.	CLARICOATES R.	WDD 29.10.51
L/Cpl.	CLARK J.G.	WDD 6.10.51
Cpl.	CLARK 0.	WDD 2.5.51
Sgt.	CLARK W.	WDD 2.5.51
Sgt.	CLARKE C.	KIA 2.5.51
Fus.	CLARKE E.	WDD 29.10.51
Fus.	GLARKE W.	WDD 29.10.51
Fus.	COCHLIN W.J.	MSG 3.5.51 POW 6.10.51
Fus.	COCKBURN G.H.W.	WDD 29.10.51
Fus.	COCKIN E.F.	WDD 29.10.51
Fus.	COCKROFT R.	WDD 29.10.51
Sgt.	COLLIER D.J.	WDD 20.10.51
Fus.	COLLINS J.W.	WDD 29.10.51
Fus.	COLLINSON G.A.	WDD 29.10.51
L/Cpl.	COOK G.	WDD 29.10.51
Fus.	COOK R.	MSG 3.5.51 POW 29.10.51
Fus.	COOKE J.W.	MSG 2.5.51 POW 13.10.51
Fus.	COONEY D.	WDD 29.10.51
Fus.	COOPER G.	DOW 29.10.51
Lt.	COOPER S.W. (Leics. attd. RNF)	MSG 3.5.51 POW 6.10.51
Fus.	CORBETT J.	KIA 29.10.51
2/Lt.	COWE R.R.F.	WDD 13.10.51
Fus.	COX B.L.	KIA 2.5.51
Fus.	CREW G.E.	WDD 20.10.51
FusO	CROOKES R.	WDD 2.5.51
Lt.	CUBISS J.M. (MC) (West Yorks attd. RNF)	WDD 2.5.51
Fus.	CUE R.	KIA 20.1.51
Fus.	CUM5ERFORD J.	WDD 2.5.51
Fus.	CURRY F.	KIA 2.5.51
Fus.	DAVIES J.	WDD 2.5.51

Fus.	DIXON J. (RNF attd Leics)	WDD 17.11.51
Fus.	DOBBIN S.	WDD 2.5.51
Fus.	DOBSON H.	WDD 2.5.51
Cpl.	DOLAN W.	WDD 29.10.51
Sgt.	DONALD R.A.	MSG 3.5.51
Fus.	DORAN W.T.	WDD 29.10.51
Fus.	DOVE W.	WDD 2.5.51
Lt.	DRAPER S.D. (Leics. attd. RNF)	WDD 20.1.51
Fus.	DUTTON P.	KIA 29.10.51
Sgt.	EAGER A.	WDD 13.10.51
Fus.	EDWARDS M.S.	WDD 20.1.51
Fus.	EKE A.	MSG 2.5.51
Fus.	ELCOCK C.	MSG 3.5.51 POW 29.9.51
Fus.	ELLIS A.E.	MSG 2.5.51 POW 13.10.51
Fus.	ELLIS W.	MSG 4.5.51
Fus.	EVANS R.	WDD 2.5.51
Fus.	EVERTON J.H.	WDD 29.10.51
Fus.	FAIL F.	KIA 20.1.51
Fus.	FAIRHEAD D.	WDD 2.5.51
Fus.	FEARN A.	WDD 2.5.51
Fus.	FELTON W.	WDD 2.5.51
2/Lt.	FITZ-GIBBON G.M.	KIA 20.1.51
Fus.	FITZPATRICK F. (Foresters attd. RNF)	DOW 6.10.51
Fus.	FORD R.G.	MSG 3.5.51 KIA 7.7.51
Cpl.	FORREST R.	WDD 29.10.51
Cpl.	FORSDICK P.J.	MSG 3.5.51 POW 29.9.51
Fus.	FOSTER K.	KIA 2.5.51
Lt.	FOSTER K.O.N. (OBE)	KIA 2.5.51
Fus.	FOWLER K.	MSG 2.5.51

Lt.	FOXTON L.D. (Y & L attd. RNF)	KIA 29.10.51
Fus.	FREAKLEY W.G.	WDD 2.5.51
Fus.	FREEMAN R.	WDD 2.5.51
Fus.	GALLIMORE T.	WDD 29.10.51
Sgt.	GASCOYNE W.	WDD 2.5.51
Fus.	GAVILLETT C.F.	KIA 23.12.50
Fus.	GEORGE S.	WDD 29.10.51
L/Cpl.	GIBSON E.L.	WDD 29.10.51
Fus.	GILES S.	WDD 2.5.51
Fus.	GLASTER W.	WDD 29.10.51
L/Cpl.	GODRIDGE J.	WDD 29.10.51
L/Cpl.	GORBOM J. "J. Gordon" ?	MSG 3.5.51 POW 29.9.51
Sgt.	GORDON G.D.	WDD 6.10.51
Fus.	GORDON G.W.	WDD 3.2.51
Fus.	GOWER A.	WDD 2.5.51
Fus.	E. GREEN	WDD 2.5.51
Cpl.	GREEN E.J.	DOW 4.8.51
Fus.	GREEN J.H.	WDD 20.1.51
Fus.	GRIERSON A.	WDD 20.1.51
Fus.	GUTTERIDGE J.H.	WDD 2.5.51
Cpl.	HADFIELD L.	WDD 2.5.51
Fus.	HAIGH J.	WDD 20.1.51
Cpl.	HALL J.	WDD 23.12.50
Cpl.	HALL J.F.	WDD 20.10.51
Fus.	HALLAS E.	WDD 30.6.51
Fus.	HAMBLY D.	WDD 2.5.51
L/Cpl.	HAMER H.	KIA 12.5.51
Fus.	HAMILL J.	WDD 12.5.51
Sgt.	HARPHAM J.	WDD 29.10.51
L/Cpl.	HARRISON D.	WDD 29.10.51
Fus.	HARRISON P.	MSG 2.5.51 POW 13.10.51
Fus.	HAWKSBY R.	WDD 29.10.51
L/Cpl.	HAYES J.T.	WDD 12.5.51
Fus.	HAYNES W.	Not MSG 3.5.51 WDD in Hospital 5.5.51
Fus.	HEALEY R.	WDD 20.10.51
Fus.	HEP.RETT J. (RNF attd Leics)	WDD 17.11.51
Fus.	HILL G.	WDD 2.5.51
Fus.	HINCHCLIFFE D.	WDD 2.5.51
Fus.	HIRST B.	WDD 12.5.51
L/Cpl.	HODGES H.	WDD 20.1.51
Fus.	HODGSON G.	KIA 29.10.51
Fus.	HUGHES E.	WDD 20.1.51
Fus.	HUGHES J.	WDD 2.5.51
L/Cpl.	HURLEY M.	WDD 4.8.51
Sgt.	JACKSON D.	KIA 20.1.51
Sgt.	JACKSON G. (RNF attd. Blackwatch)	WDD 9.5.53
Fus.	JACKSON S.C.	MSG 3.5.51 POW 3.10.51
Fus.	JARVIS R.	WDD 20.1.51
Fus.	JOBSON D.	WDD 2.5.51
Fus.	JOHNSON B.F.	MSG 2.5.51 now KIA 18.3.53
Fus.	JOHNSON E.A.	WDD 2.5.51
Fus.	JOHNSON J.J.	MSG 3.5.51 POW 10.10.51
Fus.	JOHNSON R.	WDD 20.10.51
Fus.	00HNSTONE W.	WPP 30.5.51
Fus.	JONES D.	WDD 20.10.51
Fus.	JONES L.	WDD 2.5.51
Fus.	JONES N.	WDD 29.10.51
Fus.	JONES R.L.	WDD 29.10.51
Fus.	JOWETT R.	WDD 23.12.50
L/Cpl.	KAIN J.	MSG 3.5.51
Fus.	KAY J.	WDD 2.5.51

Fus.	KEAN J.	WDD 29.10.51	Cpl.	MARTIN T.W.	KIA 23.12.50
Fus.	KEENAN R.M.	KIA 29.10.51	L/Cpl.	MASON J.	WDD 2.5.51
Fus.	KEETON W.	WDD 20.1.51	Sgt.	McANULTY D.	KIA 2.5.51
Fus.	KELLY E.	WDD 20.1.51	Fus.	McATAMANY C.	WDD 2.5.51 also reported WDD 20.10.51
Fus.	KERSLEY A.	WDD 29.10.51	Fus.	McCROSSAN K.	WDD 20.1.51
Fus/Pte.	KILLEEN M. (RNF attd Leics.)	KIA 10.5.52	Fus.	McDONALD D.J.	MSG 2.5.51 now KIA 1.11.52
L/Cpl.	KING D.	WDD 29.10.51	L/Cpl.	McDOWALL P.	WDD 2.5.51
Fus.	KINNE D.G.	MSG 3.5.51	Fus.	McFADYEN G.W.	WDD 20.10.51
Fus.	KIRKBRIDGE F.A.	WDD 20.10.51	Fus.	McFALL T.	WDD 2.5.51
Fus.	LADD A.	WDD 20.1.51	Fus.	McGRAIL V.	WDD 29.10.51
Fus.	LAIDLAW A.	WDD 2.5.51	L/Cpl.	McINTOSH A.	DOW 20.1.51
Fus.	LANGLEY D.	MSG 3.5.51	Fus.	McLEOD R.	WDD 2.5.51
L/Cpl.	LEACH L.G.	KIA 20.10.51	Fus.	McNALLY T.	KIA 20.1.51
L/Cpl.	LEE L.	WDD 2.5.51	Lt.	McNAMARA A. (Leics. attd RNF)	WPD 2f5.51
Pte.	LEEMING C. (poss. RNF attd. Leics)	KIA 10.5.52	Fus.	McNAMARA H.	WDD 2.5.51
Lt.	LEO J.A. (East Yorks attd. RNF)	WDD 29.10.51	Fus.	McNEIL A.C.	WDD 20.1.51
Fus.	LEONARD C.G.	MSG 29.10.51	Fus.	MEDLOCK E.	WDD 20.1.51
Fus.	LONDLEY J.E.	WDD 29.10.51	Lt.	MILLINGTON F.B. (Leics. attd. RNF)	KIA 3.5.51
Sgt.	LINDSAY B.C.	WDD 29.10.51	L/Cpl.	MILNE D.	WDD 2.5.51
FUs .	LONG J.	WDD 29.10.51	Fus.	MILNES T.	WDD 29.10.51
Fus.	LOVEDAY G.D.	WDD 13.10.51	Major	MITCHELL C.H.	WDD 2.5.51
Fus.	LUDLOW S.	KIA 28.4.51	L/Cpl.	MITCHELL R.	WDD 2.5.51
Fus.	LYDON P.	WDD 20.10.51	Fus.	MITCHELL S.A.P.	MSG 3.5.51 POW 6.10.51
Fus.	LYDON P. (RNF attd. KOSB)	MSG 17.11.51	Fus.	MOORE S.	WDD 29.10.51
Fus.	LYNCH J.P.	WDD 29.9.51	Fus.	MORRIS V.C.	WDD 6.10.51
Fus.	MAGUIRE J.	MSG 3.5.51 POW 13.10.51	Fus.	MUIR J.D.	WDD 29.10.51
Fus.	MANN A.	WDD 20.10.51	Fus.	MUR W.N.S.	WDD 29.10.51
Fus.	MARES J.	WDD 2.5.51	Fus.	MURPHY J.	WDD 20.1.51
L/Cpl.	MARTIN J.	WDD 20.1.51	Fus.	MURRAY K.G.	MSG 3.5.51
Fus.	MARTIN J.	MSG 26.5.51	Fus.	MUSSETT J.	WDD 2.5.51

Fus. NAYLOR E. WDD 23.12.50

Fus. NEAGLE W. WDD 2.5.51

LJCpl. NEEDHAM A.E. WDD 29.10.51

Fus. NEEDHAM Z. MSG 3.5.51
POW 6.10.51

Fus. NIXON C.W. WDD 30.6.51

Fus. OAKLEY R. WDD 2.5.51

Fus. ODDY T. WDD 4.8.51

Fus. O'NEILL L. WDD 29.10.51

Fus. ORR D. WDD 29.10.51

Fus. OXLEY P. WDD 17.11.51

Fus. PARKER D.A. WDD 20.1.51

Fus. PARKIN G.W. WDD 13.10.51

Cpl. PARKS W. WDD 20.10.51

Fus. PARRY J. WDD 2.5.51

Fus. PARRY T. WDD 2.5.51

L/Cpl. PATTISON R. WDD 2.5.51

Cpl. PEACH F. MSG 3.5.51
POW 6.10.51

Fus. PEARSON J. WDD 20.1.51

Fus. PEDLEY J. WDD 2.5.51
DOW 23.6.51

Fus. PENNOCK J. WDD 20.1.51
Lt. PERRINS A.R.D. MSG 3.5.51

Sgt. PETERS J.W. WDD 23.12.50

Lt. PHILIPS S.A.S. WDD 2.5.51

Fus. PHILLIPS J.W. KIA 23.12.50

Fus. PICKERING H. DOW 20.1.51

Fus. PIPKIN F. WDD 2.5.51

Fus. PLOWMAN W. WDD 30.6.51

Fus. POLSON M.J. WDD 29.10.51

Fus. POWER B. WDD 29.10.51
Major PRATT R.M. (DSO) WDD 2.5.51

Capt. de QUIDT J.E.M. MSG 3.5.51
(Warwicks attd RNF)

Fus. RANSOME D.H. WDD 6.10.51

Fus. REES R. WDD 2.5.51

Cpl. REVELL W.B. WDD 29.10.51

CSM REYNOLDS P.J. WDD 23.10.50

Fus. RICKUS P. WDD 29.10.51

Fus. ROBERTS E. WDD 2.5.51

Fus. ROBINSON D. WDD 29.10.51

Fus. ROBSON B. WDD 2.5.51

Fus. ROOMES E. KIA 20.1.51

2/Lt. RUDGE G.D. KIA 2.5.51
(Cheshires attd. RNF)

L/Cpl. RUSSELL S. MSG 2.5.51
POW 6.10.51

Fus. SADLER L. WDD 4.8.51

Fus. SADLER C. KIA 2.5.51

Cpl. SCOTT F. WDD 2.5.51

Fus. SEAMAN J.A. KIA 20.1.51

Sgt. SHARP B. MSG 3.5.51

Fus. SHARP T. WDD 2.5.51
KIA 30.6.51

L/Cpl. SHARPE C. DOW 20.1.51

L/Cpl. SHAW D. WDD 20.1.51

Fus. SHAW E. WDD 29.10.51
Fus. SIMPSON C.W.S. WDD 29.10.51

Fus. SIMPSON G.W. WDD 20.10.51

Fus. SLACK W. WDD 20.1.51

Fus. SLATER K. MSG 2.5.51
POW 1.12.51

2/Lt. SMITH B.E. WDD 2.5.51

Fus. SMITH F. WDD 2.5.51

Fus. SMITH J. WDD 20.1.51

Sgt. SMITH K. DOW 20.10.51

Fus. SMITH K. WDD 29.10.51
Fus. SMITH R.H. WDD 29.10.51

Cpl. SNEE T. WDD 13.10.51

Fus. SOUTH R. KIA 6.10.51

Fus.	SPENCER L. or "LF"	MSG 2.5.51 POW 13.10.51
Fus.	STEELE R.	WDD 29.10.51
Fus.	STEPHENSON D.	WDD 20.1.51
Fus.	STEVENS A.	WDD 4.8.51
Fus.	STEVENDON A.G.	WDD 29.10.51
L/Cpl.	STEVENSON H.	WDD 20.10.51
Fus.	STEWART R.	WDD 2.5.51
Fus.	STONES G.H.	MSG 3.5.51 POW 13.10.51
Fus.	SUGDEN R.	MSG 4.5.51 now KIA 29.10.51
Fus.	SURLEY J.	MSG 3.5.51 POW 6.10.51
Fus.	TAMBLYN D.	KIA 2.5.51
Fus.	TAYLOR H.	WDD 2.5.51
Fus.	TAYLOR S.	MSG 3.5.51
Fus.	TEMPLE D	WDD 2.5.51
Cpl.	THIRKETTLE D.	KIA 23.12.50
Fus.	THOMPSON J.D.	WDD 20.1.51
Fus.	THORNE J.	WDD 2.5.51
L/Cpl.	THORNTON G.A.	MSG 3.5.51
Fus.	TIMKIN K.	WDD 30.6.51
L/Cpl.	TOMKINSON S.	WDD 20.10.51
Fus.	TONNE H.	WDD 29.10.51
Fus.	TREASURE F.L.	WDD 20.1.51
Fus.	TYAS A.E.	MSG 2.5.51 POW 13.10.51
Fus.	VICKERS S.	KIA 29.10.51
Fus.	WADE J.H.	WDD 2.5.51
Lt.	WALKER H.D.	WDD 20.10.51
Fus.	WALKER L.	KIA 2.5.51
Fus.	WALKER R.	WDD 29.10.51
Cpl.	WALLS E.	KIA 29.10.51
Fus.	WALNE T.	MSG 3.5.51

		now KIA 16.5.53
Fus.	WALTON R.	WDD 2.5.51
Sgt.	WATERS F.P.	WDD 12.5.51
Fus.	WATSON E.	WDD 20.1.51
Fus.	WATTS F.	MSG 3.5.51 POW 10.11.51
Lt.	WEEKS R.M.H. (Y & L attd. RNF)	WDD 29.10.51
Cpl.	WELDON J.	WDD 30.6.51
Fus.	WELLMAN W.C.	MSG 3.5.51
Lt.	WESTBURY R.H.R. (RL Leics. attd. RNF)	WDD 20.1.51
Sgt.	WESTON F.	WDD 6.10.51
Fus.	WHALLEY J.	WDD 20.10.51
Lt.	WHITE D.A. (East York attd. RNF)	DOW Z9.10.51
Cpl.	WHITE W.	WDD 29.10.51
Fus.	WHITING W	MSG 2.5 51 POW 13.10.51
Fus.	WHITLEY R. or "L/Cpl"	MSG 3.5.51 POW 6.10.51
Fus.	WIGG T.	WDD 29.10.51
Fus.	WILLIAMS R.	WDD 2.5.51 also WDD 20.10.51
Fus.	WILLIAMSON A.	WDD 29.10.51
Sgt.	WILLIAMSON J.	KIA 20.1.51
Fus.	WILSON R.	WDD 20.1.51
Fus.	WINGROVE S.	WDD 20.1.51
Major	WINN H.J. (MC)	WDD 2.5.51
Fus.	WINTERSGILL K.	KIA 2.5.51
Fus.	WINTERTON R.	KIA 2.5.51
Fus.	WOODHALL L.	WDD 2.5.51
Sgt.	WORSTENHOLME T.	WDD 20.1.51
Fus.	WRIGHT T.	WDD 29.10.51
L/Cpl.	YEWDALE E.	WDD 29.10.51

THE ROYAL WARWICKSHIRE REGIMENT.

Pte.	CADHILL (attd. Leics)	WDD 17.11.51
Capt.	De Quidt J.E.M. (attd. RNF)	MSG 3.5.51
Major	DOCKER L.R. (attd. Leics)	WDD 24.11.51
Pte.	GASCOYNE C. (attd. Leics)	WDD 17.11.51
Pte.	TAINTON T. (attd. Leics)	WDD 17.11.51

THE ROYAL FUSILIERS (CITY OF LONDON REGIMENT)

Battle Honours For The Korean War.

1) Korea 1952-1953

Fus.	ALLEN G.F.	MSG Bel.Killed 13.12.52 now MSG only 20.12.52
Fus.	ANGROVE D.T. (RWF attd. R.Fus)	WDD 27.6.53
Fus.	ANSTEAD S.J.	KIA 13.12.52
Fus.	AUSTIN P.G.	DOW 20.12.52
Fus.	AYLING B.	WDD 8.1.53
Pte.	BACON D.F.J. (Queens attd. RF)	WDD 29.11.52
L/Cpl.	BALCOMBE C.D.	WDD 20.12.52
L/Cpl.	BATCHELOR F.H.	WDD 9.5.53
Fus.	BENNETT M.W.	WDD 13.12.52
Fus.	BETTS T.W.	WDD 2.5.53
Fus.	BOGEN E.V.	WDD 20.6.53
Cpl.	BOLTON P.	WDD 29.11. 52
Fus.	BRABROOK D.F.	WDD 29.11.52
Fus.	BRACK ?? P.N.	WDD 2.5.53
L/Cpl.	BROOKS E.J. (Queens attd. RF)	WDD 29.11.52
Sgt.	BROWN D.D.	WDD 20.6.53
Fus.	BROWN G.C.	WDD 16.5.53
	(East Surrey attd. RF)	
Fus.	BUCKLAND D.D.	WDD 13.12.52
Fus.	BURKE P.F.	WDD 20.12.52
Fus.	BURNS D.V.	WDD 13.6.53
Fus.	BUTT B.	WDD 20.6.53
2/Lt.	CAROE M.B.	WDD 20.6.53
L/Cpl.	COLE R.G.	WDD 20.6.53
Fus.	COLSON R.	WDD 20.6.53
Fus.	COOK F.E.	WDD 29.11.52
Fus.	COOPER R.G.	KIA 29.11.52
Fus.	COOTE W.L.	WDD 4.10.51
Pte.	COY L.M.	WDD 29.11.52
Fus.	CROCKER J.C.	KIA 13.12.52
Fus.	CROUCH G.H.	WDD 16.5.53
Fus.	CROWTHER W.D.	WDD 20.6.53
Fus.	DAVIES J.A.	WDD 13.12.52
Fus.	DAY R.E.	WDD 27.6.53
Fus.	DOCKERILL J.	KIA 13.12.52
Fus.	DOHERTY J.F.	WDD 20.12.52
Fus.	DOYLE R.C.J.	WDD 13.12.52
2/Lt.	DRYSDALE S.H.	WDD 17.11.52

L/Cpl.	EADES G.B.	MSG Bel. Killed 13.12.52 now KIA 10.1.53
L/Cpl.	EDWARDS B.J.	WDD 27.6.53
Fus.	FARMER G.C.	WDD 27.6.53
Fus.	FOOTITT G.	WDD 13.12.52
L/Cpl.	FOSSETT J.G.	WDD 29.11.52
Fus.	FRANCIS A.	WDD 2.5.53
Fus.	FROST M.W.D.	WDD 22.11.52
L/Cpl.	GAINES D.W.G.	WDD 18.10.52
Fus.	GARDINER D.T.	WDD 13.6.53
Fus.	GASSON W.H.	WDD 20.6.53
Fus.	GILHAM A.F.	WDD 13.12.52
Fus.	GILL R.P.	WDD 25.4.53
L/Cpl.	GODFREY R.J.W.	MSG bel. Killed 13.12.52 now KIA 2.2.53
Fus.	GOODWIN R.W.	WDD 13.12.52
L/Cpl.	GOOD R.D. (R. Sussex attd. RF)	WDD 20.12.52
Fus.	GOODWIN L.W.	KIA 16.5.53
L/Cpl.	GUESS R. (Norfolks attd. RF?)	Previously reported missing ? now MSG bel. POW 10.1.53 Times 21.4.53 Released POW 20.4.53
Pte.	GWYNNE S.J. (Queens attd. RF)	KIA 9.5.53
Fus.	HALEY D.E.N.	WDD 16.5.53
Fus.	HALL R.	MSG 13.12.52 now POW 9.5.53
Fus.	HARDING L.W.	WDD 22.11.52 WDD 13.6.53
2/Lt.	HARMAN N.J.	WDD 29.11.52
L/Cpl.	HARVEY E. (Queens attd. RF)	WDD 20.12.52
Fus.	HAWKINS J.C.	WDD 13.12.52
Fus.	HAYNES R.T.	WDD 16.5.53
Fus.	HEARN F.	WDD 20.9.52
Fus.	HERON W.G.	MSG Bel.Killed 13.12.52 now KIA 10.1.53

Fus.	HIGGINS D.	WDD 9.5.53
2/Lt.	HOARE C.R.P.M.	KIA 13.12.52
Fus.	HODKINSON G.A.	MSG 13.12.52 "G" POW released 20.4.53 Times 21.4.53
Fus.	HOGBIN J.	WDD 27.6.53
Fus.	HOWARD J.A.	WDD 27.6.53
Pte.	HUNTER J.B. (Leics. attd. RF)	WDD 9.5.53
Fus.	JACOBS D.F.	MSG Bel.Killed 13.12.52 now KIA 10.1.53
Fus.	KING J.R.	WDD 27.6.53
Fus.	KITCHINHAM A.L.	WDD 9.5.53
Fus.	LACK C.	WDD 20.6.53
A/Cpl.	LANE D.G.	WDD 20.6.53
2/Lt.	LARRETT J.H.	WDD 29.11.52
Fus.	LATHAM G.	WDD 13.12.52
L/Cpl.	LEE R.A.	WDD 13.12.52
A/Sgt.	LEVY H. (RW Kent attd. RF)	WDD 27.6.53
L/Cpl.	LEWIS D.E. (RF attd. Norfolks)	KIA 28.7.52
Fus.	LOGAN K.	WDD 16.5.53
Fus.	LORD R.L.	WDD 29.11.52
Fus.	MACK D.T.	KIA 13.12.52
Fus.	MANN R.G.	WDD 13.6.53
Fus.	McLEOD R.J.	WDD 29.12.52
Fus.	MEADE D.J.	WDD 29.11.52
Fus.	MILLER R.	MSG. Bel. POW 9.5.53
Fus.	MILLS A.S.	KIA 13.12.52
Fus.	MITCHELL W.C.	W55 29.12.52
Fus.	MORGAN A.W.	WDD 2.5.53
Fus.	MOULDER A.	WDD 29.11.52
Fus.	MOULE C.J.	WDD 27.6.53
Fus.	NEWBERRY K.	WDD 20.6.53
Fus.	NEWELL J.J.	WDD 13.12.52

Fus.	NEWMAN D.E.	WDD 4.10.52
Fus.	NEWMAN J.E.	WDD 29.11.52
Fus.	ORFORD G.A.	WDD 13.12.52
Fus.	PALMER E.	WDD 13.12.52
Sgt.	PAYNE L.A.	WDD 29.11.52
Fus.	PEARCE H.C.	WDD 20.12.52
Fus.	PEARCEY G.	WDD 20.6.53
Fus.	PELLATT C.R.	KIA 9.5.53
Fus.	PERRY R.E.	WDD 13.6.53
Cpl.	PICKERSGILL R. (RAMC attd. RF)	WDD 13.12.52
Fus.	PLUMBRIDGE C.	WDD 16.5.53
Fus.	PRENTICE M.J.	MSG Bel.Killed 13.12.52 now KIA 2.2.53
Fus.	PRYOR A.R.	MSG 13.12.52 or "A. Pryor" now POW 16.5.53
Fus.	RADLEY A.J.	WDD 2.5.53
Fus.	REED W.	MSG 13.12.52 now POW 9.5.53
Fus.	RHODES F.	KIA 15.9.52
Cpl.	RICHARDSON A.	WDD 20.6.53
Fus.	ROBERTS F H.	MSG Bel.Killed 13.12.52 now KIA 2.2.53
Fus.	ROBINS G.	WDD 4.10.52
2/Lt.	de ROEPER P.J.	MSG Bel.Killed 13.12.52 WDD Bel.POW now POW 9.5.53
Fus.	ROYAN R.H.G.	KIA 13.12.52
2/Lt.	RUHEMANN R.H.	KIA 16.5.53
Cpl.	RUSHER P.F.	WDD 29.11.52
L/Cpl.	SALMON J.F.	KIA 29.11.52
Major	SCHOFIELD D.R.	WDD 20.6.53
Fus.	SELL N.V.	WDD 29.11.52
Fus.	SELLENS H.W.	DOW 2.5.53
Fus.	SIMMONETT C.	WDD 13.12.52
Fus.	SMITH J.H.	WDD 29.11.52
Fus.	SMITHEN B.F.	WDD 29.11.52
Fus.	SNARE i.M.	MSG Bel.Killed 13.12.52 now MSG Believed POW 20.12.52
Fus.	SPEARS F.G.	KIA 22.11.52
Pte.	STACEY N. (Buffs attd. RF)	WDD 27.6.53
Fus.	STANDING R.L.	WDD 22.11.52
Fus.	STEVENS R.W.	KIA 29.11.52
Fus.	STEWART W.M.	WDD 13.12.52
Fus.	STOCKLEY E.P.	WDD 13.12.52
Fus.	STOODLEY R.	WDD 16.5.53
Fus.	SYKES J.W.	WDD 20.12.52
Fus.	TAYLOR M.	WDD 20.6.53
L/Cpl.	TAYLOR V.K.	MSG 13.12.52 MSG Believed POW 4.4.53 now POW 9.5.53
Fus.	TEASDALE A.	WDD 29.9.52
Fus.	THOMPSON G.W.	KIA 9.5.53
Fus.	THORPE N.	WDD 13.12.52
Fus.	TUCKER B.G.	WDD 27.6.53
Fus.	TULL B.M.	KIA 29.11.52
Sgt.	TYLER H.E.T.	WDD 13.12.52
Fus.	UNDERWOOD R.K.	WDD 20.6.53
Fus.	VIOLA M.E.	WDD 13.12.52
Fus.	WALKER P.w.	KIA 17.11.52
L/Cpl.	WEBBER W. (RWF attd. RF)	WDD 2.5.53
Cpl.	WELFARE R.P.	WDD 13.12.52
Fus.	WEST D.	WDD 22.11.52
Fus.	WESTWOOD L.W.	WDD 16.5.53
Fus.	WHATLEY N.O.	MSG Bel.Killed 13.12.52 or "N" now KIA 2.2.53
Fus.	WHEELER D.C.	WDD 13.12.52
Fus.	WHELAN J.F.	MSG 16.5.53
Fus.	WILKINSON J.E.	WDD 29.11.52
L/Cpl.	WILLIAMS J.R.	MSG 29.11.52

2/Lt.	WOOLOCOMBE T.M.h. (Middx. attd. RF)	WDD 29.11.52
Fus.	WOOSTER P.J.	KIA 29.11.52

THE KING'S REGIMENT (LIVERPOOL)

Battle Honours For The Korean War

1) The Hook. (Date of battle 28-29th May1953)
2) Korea, 1952-1953.

Pte.	ALLEN G.	WDD 1.11.52
Pte.	ARTHLIR G.	WDD 2.5.53 also WDD 13.6.53
Cpl.	ASHTON W.	WDD 20.6.53
Pte.	BAXTER J.	WDD 1.11.52
Pte.	BINNEY J.	WDD 6.6.53
Pte.	BLACK A.W.	WDD 20.6.53
Pte.	BRANCH C.	WDD 17.11.52
Pte.	i3POOM A.3.	WDD 17.11.5Z
Pte.	BROUGHTON C.	MSG Bel. POW 2.5.53
Cpl.	BURDEKIN D.	WDD 3.1.53
Sgt.	CABOURN W.	WDD 20.6.53
Sgt.	CARTER W.H.	WDD 20.6.53
Pte.	CATON W.R.	KIA 13.6.53
Lt.	CAWS J.H.D. (Wilts. attd. Kings)	WDD 13.6.53
Pte.	CHANTLER G.E.	WDD 13.6.53
2/Lt.	CLARK D.A. (ROAC attd. Kings)	WDD Z0.12.5Z
Pte.	COOPER A.R.	WDD 8.11.52
Cpl.	COULDUCK J.	WDD 1.11.52
Pte.	CROOKS E.	WDD 13.12.52
Pte.	CURRIE H.	WDD 13.6.53
Pte.	DAVIES W.J.	DOW 9.5.53
2/Lt.	DEAVILLE N.F.	MSG Bel. POW 2.5.53
Cpl.	DEVEREUX A.B.	WDD 13.6.53
Pte.	DIGWOOD J.R.	WDD 13.6.53
2/Lt.	DODD D.J.	WOD 20.6.53
Pte.	DOWNHAM W.F.P.	WDD 29.12.52
Lt.	DUNLOP V.A. (Kings attd. RVR)	MSG 2.5.51
2/Lt.	Du RANDT J.	WDD 20.6.53
Pte.	DYER C.J.	WDD 1.11.52
Cpl.	ENTWISTLE T.	WDD 20.6.53
Pte.	EVANS J.	KIA 6.12.52
Pte.	GOODFIELD G.P.	KIA 8.12.52
Pte.	GOUDLING J.	WDD 13.6.53
Pte.	GRAHAM P.J.	WDD 20.6.53
Pte.	GRECH A.	WDD 1.11.52
L/Cpl.	HANNEN E.	KIA 18.10.52
Pte.	HUNTER D.W.	WDD 1.11.52
Fus.	IRELAND W. (Royal Innis.Fus. attd. Kings)	WDD 1.6.53
Cpl.	JACKSON R.	WDD 23.5.53
Pte.	JOHN T.I.	WDD 8.11.52
Pte.	JONES D.A.	WDD 29.12.52
Pte.	JONES E.	WDD 17.11.52
Pte.	JONES R.	WDD 29.12.52
Pte.	KEENE F.L.	WDD 8.11.52
Pte.	KEOGHAN H.E.	WDD 20.6.53
Pte.	KNIGHT A.C.	WDD 10.1.53
Pte.	LAIDLAW J.L.	WDD 1.11.52
Pte.	LAWRENSON G.	WDD 22.11.52
Pte.	LEWIS E.	WDD 29.12.52
Pte.	LOMAX F.	WDD 8.11.52
Pte.	LOREY G.W.	WDD 27.10.52
Pte.	LUCOCK J.	WDD 20.6.53
L/Cpl.	LYONS J.	WDD 8.11.52
2/Lt.	MACWTLLIAM W.J.	WDD 6 12.52 WDD 13.12.52
Pte.	MAKIN S.R.	WDD 1.11.52

Pte.	MASSEY W.	WDD 8.11.52
2/Lt.	McBRIDE A.J.	KIA 10.1.53
Fus.	McCLEAN L. (Royal Irish Fus. attd Kings)	WDD 2.5.53
Pte.	McFARLANE T.F.	WDD 3.1.53
Pte.	McGARRIGLE R.J.	WDD 13.6.53
Pte.	McINTOSH R.	WDD 8.11.52
Pte.	McMAHON J.J.	WDD 13.6.53
Pte.	McNEIL W.	WDD 1.11.52
Pte.	MONTGOMERY L.	KIA 20.6.53
Cpl.	MONNEY J.	KIA 9.5.53
Pte.	MORRIS D.R.	WDD 20.6.53
Pte.	MORRIS W.	WDD 29.11.52
Pte.	NORTH T.N.	KIA 20.6.53
L/Cpl.	NUTTALL J.E.	KIA 1.6.53
Pte.	O'BRIEN J.F.	WDD 1.11.52
Pte.	O'CONNELL A.B.	WDD 13.12.52
L/Cpl.	OGBORN K.S.	KIA 20.6.53
Pte.	O'MALLEY D.	WDD 1 11.52
Pte.	O'NEILL P.	MSG Bel. POW 2.5.53
Pte.	ORMANDY J.G.	WDD 20.6.53
Pte.	PALFREYMAN F.	WDD 24.1.53
Pte.	PENGELLY W.H.	WDD 29.12.52
Pte.	RATTENBURY B.	WDD 29.11.52
Pte.	RAWLINSON T.	WDD 6.12.52
Pte.	REES S.P.	WDD 22.11.52
Pte.	RICE R.	WDD 20.6.53
Sgt.	RITSON W.H.	WDD 20.6.53
Pte.	ROBERTS B.	WDD 13.6.53
Pte.	ROSE A.	WDD ,5.12.52
Pte.	ROYDEN W.J.	WDD 3.1.53
Sgt.	SALE E.	WDD 27.10.52
Cpl.	SCOTT R.	DOW 27.6.53
Cpl.	SEYMOUR F.H.	WDD 20.6.53
Pte.	SHARPLES J.	WDD 8.11.52
Pte.	SLATER P.	WDD 1.11 52
Pte.	SMITH E.	WDD 13.6.53
L/Cpl.	SMITH M.S.	WDD 20.6.53
Pte.	SOLOMON H.B.	WDD 6.12.52
Major	STEPHENSON P.B. (MBE)	MSG Bel. POW 20.12.52
Pte.	TOBIN W.M.	WDD 20.6.53
L/Cpl.	TURNER P.J.	WDD 2.5.53
Pte.	TWIGG J.F.	WDD 20.6.53
Cpl.	WARD R.	WDD 17.11.52
WO2	WATTLEWORTH H.F.	WDD 23.5.53
Pte.	WHELAN D.	WDD 20.6.53
Pte.	WHITTAKER H.	WDD 8.11.52
Cpl.	WOODS A.C.	WDD 20.12.52
Pte.	WOOLLAMS N.W.	WDD 13.6.53

THE ROYAL NORFOLK REGIMENT

Battle Honours For The Korean War.

1) Korea, 1951-1952.

L/Cpl.	ADAMS B.	WDD 31.5.52
Pte.	ALLMAN D.	DOW 21.6.52
Pte.	ANDERSON R.A.B.	WDD 23.8.52
Cpl.	ASHLIN J.W. (East Surrey attd. Norfolks)	WDD 23.8.52
Pte.	BANDY B.	WDD 12.1.52
L/Cpl.	BARKER R.C.	WDD 16.8.52
Pte.	BARLOW W.F.	WDD 23.8.52
Pte.	BELL M.A.	KIA 12.7.52
Lt.	BERNEY J.R.E.	KIA 9.8.52
WO2	BLOOD R.A.	WDD 28.6.52
Pte.	BRAY R.	WDD 31.5.52

Pte.	BROWN J.	WDD 22.3.52
Pte.	BROWN J.T.	KIA 22.3.52
Cpl.	BUCKEMHAM A.	WDD 31.5.52
Pte.	BULLMAN A.	KIA 19.1.52
Pte.	BURRELL L.G.	MSG 30.8.52 now Bel. POW 14.2.53 POW 9.5.53
Pte.	BURROWS A.	WDD 23 8.52
Pte.	BYFIELD J.W.	WDD 14.6.52
Pte.	BYFORD R.	WDD 31.5.52
Pte.	CAMPBELL A. (Glosters attd. Norfolks)	MSG 15.12.51 now KIA 29.3.52
Pte.	CECIL G.E.	WDD 12.1.52
Pte.	CHAPMAN W.P.	WDD 14.6.52
Pte.	CHICK E.C.	WDD 23.5.52
Pte.	CHURCH C.T.A.	KIA 9.8.52
Pte.	CHURCH J.	WDD 5.7.52
Pte.	CLEAVER J.S.	WDD 9.2.52
Pte.	COLE W.R.	KIA 12.7.52
Pte.	COOK P.V.	WDD 17.11.51
L/Cpl.	COOKS R.	KIA 23.8.52
Pte.	COOLING P.J.	KIA 28.7.52
Pte.	COOPER T.	WDD 14.6.52
Cpl.	CRITCHER R. (MM?)	WDD 8.3.52
Pte.	CROOK W.A.	WDD 24.11.51
Pte.	CROSSLEY L.	WDD 23.8.52
Pte.	CUMBER M.	WDD 22.3.52
Pte.	CURTIS D.G.	WDD 14.6.52
2/Lt.	DASHWOOD M de C.	WDD 1.12.51
Pte.	DAY R.A.	WDD 9.8.52
Pte.	DYER J.	WDD 12.1.52
Pte.	EDWARDS H.G.	WDD 2.8.52
Pte.	FARRAH E.F.	WDD 23.8.52
Pte.	FERRIDAY F.	KIA 1.12.51
Pte.	FITZGERALD	WDD 9.8.52
Pte.	FLYNN M.	KIA 31.5.52
L/Cpl.	GARWOOD P. (RAMC attd. Norfolks)	KIA 4.10.52
Major	GORDON A.L.	WDD 16.2.52
Pte.	GRAVELING H.W.	KIA 23.8.52
Pte.	GRIMWOOD D.R.	WDD 22.3.52
L/Cpl.	GUESS R.G.T.	MSG 14.6.52 now POW 7.2.53
L/Cpl.	GUESS R. Norfolks attd. R.Fus ??	Previously reported MSG Now Bel. POW 10.1.53 POW released 20.4.53 (Times 21.4.53)
2/Lt.	GUNTON M.K.D.	WDD 5.7.52
Pte.	HAYFORD A.J.	KIA 28.7.52
Pte.	HAYNES N.A.	KIA 9.8.52
Cpl.	HERON G.T.	DOW 1.12.51
2/Lt.	HARRING F.E.	WDD 19.4.52
Pte.	HILL J.	WDD 23.8.52
Pte.	HIPPERSON B.	WDD 14.6.52
Pte.	HOWE H.J.	WDD 9.8.52
Cpl.	HUMPHRIES A.S.J.	WDD 9.8.52
L/Cpl.	JEFFRYES G.M.	WDD 1.12.51 WDD 12.7.52
Pte.	JOHNSON L.	WDD 22.3.52
2/Lt.	KEEN T.H.	WDD 8.3.52
Pte.	KETTERINGHAM R.	WDD 31.5.52 KIA 23.8.52
Pte.	LAST P.G.	WDD 23 8 52
L/Cpl.	LATHAM T.G.	WDD 23.8.52
L/Cpl.	LEWIS D.E. (R. Fus. attd. Norfolks)	KIA 28.7.52
Pte.	MARTIN R.A.	WDD 9.8.52
Cpl.	MASTERSON D.E.A.	WDD 24.11.51
Pte.	McDONAGH T.J.	WDD 23.8.52
Pte.	McDONALD R.H.	KIA 14.6.52
2/Lt.	MOORE B. (RUR attd. Norfolk)	WDD 12.7.52

Pte.	MOORE J.T.	WDD 23.8.52
Pte.	MORRISON J.M.	KIA 12.7.52
Pte.	MORROW A.C.	WDD 22.3.52
Pte.	MULLER H.J.	KIA 9.8.52
Pte.	OLLEY P.	WDD 24.5.52
Pte.	O'TOOLE J.P.	WDD 23.8.52
Pte.	PEARMAN S.W.	WDD 23.8.52
Pte.	PERFECT R.M.	MSG 9.8.52
Pte.	PETTITT G.J,	WDD 10.5.52
Sgt.	PHILLIPS A.	WDD 23.8.52
Pte.	POTTER R.G.	WDD 23.8.52
Pte.	PURSER J.	WDD 4.10.52
Pte.	PYE D.	WDD 23.8.52
Pte.	RACJHAM K.A.	WDD 4.10.52
2/Lt.	REES M.D.I.	WDD 23.t3.52
2/Lt.	REYNOLDS M.F. (Queens attd. Norfolk)	WDD 23.8.52
Cpl.	ROBERTS K.E.	DOW 5.11.51
L/Cpl.	ROSEMEYER P.S.	WDD 4.10.52
L/Cpl.	RUSSELL F.A.	MSG 9.8.52 now KIA 8.11.52
Pte.	SAUNDERS A.L.	KIA 1.12.51
Pte.	SAYER K.J.	WDD 23.8.52
Pte.	SCOTT R.W.	KIA 22.3.52
Pte.	SEXTON E.	WDD 31.5.52
Pte.	SHEA R.	WDD 23.8.52
Pte.	SHELLEY R.S.	WDD 12.7.52
Pte.	SHIELDS E.G.	WDD 15.3.52
Pte.	SIBLEY D.J.	WDD 3.5.52
Pte.	SIMPSON R.F.	WDD 23 8.52
Pte.	SMITH B.W.	WDD 10.5.52
Cpl.	SMITH E.W. (Queens attd. Norfolks)	KIA 1.12.51
L/Cpl.	SMITH N.S.	KIA 22.3.52
Cpl.	SQUIRRELL C.	WDD 31.5.52
Pte.	STAPLEY J.	WDD 23.8.52
Pte.	SWETTENHAM R.W.C.	WDD 24.5.52
Pte.	TABOR F.E.	WDD 23.8.52
Pte.	TOLSON E.A.	WDD 9.8.52
L/Cpl.	THOMAS W.	WDD 5.7.52
Cpl.	THORPE E.S.	KIA 12.7.52
Pte.	TURNER G.E.	KIA 12.7.52
Pte.	TYLER R.H.	WDD 9.8.52
Pte.	WARD J.W.H.	WDD 12.7.52
Pte.	WARD T.	WDD S.1.52
Pte.	WATKINS T.J.	KIA 12.1.52
Pte.	WEBB C.A.	WDD 9.2.52
Pte.	WEBSTER D.G.	MSG 9.8.52 now KIA 16.5.53
Pte.	WELLS J.A.	WDD 14.6.52
Pte.	WHEELER K.A.	KIA 9.8.52
W02	WILSON F.	WDD 12.7.52
Pte.	WOOD S. (ACC attd. Norfolks)	WDD 4.10.52
Pte.	WOODGATE J.	KIA 12.7.52
2/Lt.	WORMALD J.	MSG 14.6.52
Cpl.	WRIGHT R.	WDD 17.11.51
Pte.	YOUNGE D.B.	WDD 23.8.52

THE ROYAL LINCOLNSHIRE REGIMENT.

Pte.	BLOOD E.J. (Attd. Leics)	WDD 17.11.51
Pte.	LYON E. (Attd. Leics.)	WDD 17.11.51
Pte.	RICE S.R. (Attd. Leics)	WDD 17.11.51

THE DEVONSHIRE REGIMENT.

Pte. BLACKMORE D.R. WDD 2.5.51
(Attd. Glosters)

Lt. CONEELY T. KIA 2.5.51
(Attd. Glosters) or "Coneeley" now POW 6.10.51

Lt. HART J.P. WDD 2.2.51
(Attd. Welch)

Pte. ROBBINS B.N. WDD 2.5.51
(Attd. Glosters) POW 12.5.51

Sgt. SALLA3ANK D.W. MSG 2.5.51
(Attd. Glosters)

Pte. SINNOTT N.G. WDD 2.5.51
(Attd. Glosters)

THE SUFFOLK REGIMENT

Capt. BALDERS N.A.M. DOW 10.3.51
(attd. RUR)

THE WEST YORKSHIRE REGIMENT (THE PRINCE OF WALES'S OWN)

Lt. BEAVIS L.J. WDD 20.1.51
(attd. R.N. FUS) WDD 29.10.51

Lt. CUBISS J.M. (MC) WDD 2.5.51
(attd. R.N. Fus) WDD 7.7.51

Pte. FISHER A.J. WDD 17.11.51
(attd. Leics)

L/Cpl. RUSHWORTH N. WDD 8/12/51
(attd. Leics)

Pte. WALKER D. MSG 8.12.51
(attd. Leics. returned to Unit)

2/Lt. WATERS T.E. MSG 2.5.51
(attd. Glosters)

THE EAST YORKSHIRE REGIMENT. THE DUKE OF YORK'S OWN

2/Lt. BEACH N.G.G. WDD 21.7.51
(Attd. RNF) also as Lt. WDD 29.10.51

Lt. LEO J.A. WDD 29.10.51
(Attd. RNF)

Lt. WHITE D.A. DOW 29.10.51
(Attd. RNF)

THE BEDFORDSHIRE AND HERTFORDSHIRE REGIMENT.

L/Cpl. JACKSON H.W. WDD 8.12.51
(Beds. attd KSLI)

Lt. SIMCOX D.A. KIA 3.3.51
(Beds. attd. Glosters)

Pte. WELLS T.W. WDD 17.11.51
(Beds. attd. KSLI)

THE ROYAL LEICESTERSHIRE REGIMENT.

Battle Honours For The Korean War.

1) Maryang-San (Date of battle 4-6th Nov 1951)
2) Korea, 1951-1952.

Pte. ACKROYD D. MSG 8.12.51

2/Lt. AFFENTRANGER P.J. KIA 8.12.51

Pte. AIREY M. WDD 17.11.51

Cpl. AITKEN H. MSG 8.12.51

Pte. ALLSOPP C. WDD 17.11.51

Pte. AMBROSE M.J. MSG 15.12.51

CD1. APPLIN A.G. WDD 1.12.51

Pte. ARLISS A. WDD 1.3.52

Pte. ASH B.M. KIA 17.11.51

Pte. ASTELL R. KIA 17.11.51

Pte. BAILEY H. KIA 28.10.50

Pte. BAKER S.J. WDD 8.12.51

Pte. BARKER J. MSG 8.12.51

Pte. BANTRY J. MSG 8.12.51
or "T" POW 19.1.52

Pte. BETTS B.G. WDD 17.11.51

Pte. BIRCH N.A. KIA 8.12.51

Pte. BLACKSHAW K.E. WDD 17.11.51

Pte. BLOOD E.J. WDD 17.11.51
(Lincs. attd. Leics)

Pte. BRADSHAW L. WDD 30.9.50
(Leics. attd A & SM)

Cpl. BRAGG R. WDD 28.6.52

Pte.	BRATHWAITE W.H.H.	WDD 1.12.51
Pte.	BREWSTER J.H.	WDD 8.12.51
Pte.	BROUGH P.	WDD 17.11.51
Pte.	BROWN W.	WDD 17.11.51
Pte.	BROWN W.	WDD 28.10.50
Pte.	BRYAN J.	WDD 8.12.51
Pte.	BUCKLEY D.	MSG 24.11.51
Pte.	BUCKLEY W.D.	WDD 8.12.51
L/Cpl.	BUNCE T.T.R.	KIA 8.12.51
Pte.	BURN J.N.	KIA 17.11.51
Pte.	BURNHAM E.	MSG 24.11.51
L/Cpl.	CANK J.	WDD 8.12.51
Cpl.	CANNON J.	WDD 8.12.51
Pte.	CAPILL G. (Warwicks attd. Leics)	WDD 17.11.51
Pte.	CAULDWELL B.	WDD 31.12.51
2/Lt.	CHADWICK C.M. (Glosters attd. Leics)	WDD 22.12.51
Pte.	CHAMBERLAIN R.	MSG 24.11.51
Fus.	CHAMBERLAIN T. (RNF attd. Leics)	WDD 17.11.51
Pte.	CLAYTON J.	MSG 24.11.51 now KIA 15.12.51
Cpl.	CLIFF J.L.	KIA 17.11.51
Pte.	COLES L. (Leics attd. A &SH)	WDD 30.9.50
Lt.	COOPER S.W. (Leics attd. ANF)	MSG 3.5.51 POW 6.10.51
Pte.	CORRIGAN W.	WDD 22.3.51
Pte.	COTTRELL F.	WDD 17.11.51
Pte.	COX R.	MSG 24.11.51
Pte.	COX TO.	WDD 17.11.51
Pte.	CRAWFORD L.	WDD 8.12.51
Capt.	CREAGH J.P.N.	WDD 8.12.51
Pte.	CROCKER H. (Leics attd. A & SH)	WDD 7.10.50 DOW 1.12.51
Pte.	CROMPTON C.	KIA 8.12.51
Pte.	DAVIS G.E. (Leics attd. A & SH)	WDD 30.9.50
Pte.	DAWSON C.	WDD 1.3.52
Pte.	DAY N.	WDD 31.12.51
Pte .	DELANEY J. (Leics attd. A & SH)	WDD 7.10.50
Pte.	DERCY R.J.	KIA 17.11.51
Pte.	DILLON J.	WDD 17.11.51
Pte.	DIMMOCKS D.	WDD 17.11.51
Fus.	DIXON J. (RNF attd. Leics)	WDD 17.11.51
Major	DOCKER L.R. (Warwicks attd. Leics)	WDD 24.11.51
Pte.	DOWNS W. (Glosters attd. Leics)	WDD 17.11.51
Pte.	DRAKE G.	WDD 17.11.51
Lt.	DRAPER S.D. (Leics attd. RNF)	WDD 20.1.51
Pte.	DUFTON G.	WDD 1.3.52
Cpl.	DUTTON R.	WDD 8.12.51
Pte.	EARDLEY R.	DOW 8.12.51
Pte.	EASTWOOD F.	WDD 17.11.51
Pte.	EDWARDS J. (Foresters attd. Leics)	WDD 17.11.51
Pte.	ELLIS D.	WDD 17.5.52
Pte.	EMPSON G.	MSG 14.6.52 now POW 9.5.53
Cpl.	FENEMER N.	DOW 31.12.51
Pte.	FISHER A.J. (W.Yorks attd. Leics)	WDD 17.11.51
Pte.	FLETCHER J.	WDD 8.12.51
Pte.	FORD W.F.A. (Leics. attd. KSLI)	KIA 20.10.51
Pte.	FOWLER D.	WDD 17.11.51
Pte.	FRANKS R. (Leics attd. A & SH)	WDD 30.9.50
Pte.	FREARSON K. (Foresters attd. Leics)	WDD 17.11.51

Pte. GASCOYNE C. WDD 17.11.51
(Warwicks attd. Leics)

Pte. GENTRY S. WDD 1.12.51
(Glosters attd. Leics)

Pte. GILKS D. WDD 16 9.50
(Leics attd A & SH) WDD 21.4.51

Pte. GILL F. KIA 8.12.51

2/Lt. GODFREY J.A. KIA 8.12.51

Pte. GOODE P.E. WDD 22.3.52

Pte. GRAINGER F. WDD 17.11.51

Pte. GRAY R.L. KIA 17.11.51

Pte. GRIEVSON G. WDD 8.12.51

Sgt. GROVE D.G. WDD 1.12.51

Pte. HANSON D.A. WDD 17.11.51
(DWR attd. Leics)

Pte. HATHAWAY R. WDD 7.10.50
(Leics. attd. A &SH)

2/Lt. HAVILLAND G.A. WDD 24.11.51

Cpl. HAYES F.M. WDD 8.12.51

Cpl. HAYES M.F. KIA 22.3.52)

Pte. HELP W. WDD 17.11.51
(Glosters attd. Leics)

L/Cpl. HERBERT E. MSG 8.12.51

Fus. HERRETT J. WDD 17.11.51
(RNF attd. Leics)

Pte. HESLOP J. MSG 8.12.51

Pte. HOSIE J. WDD 17.11.51

Pte. HOUGH M. WDD 17.11.51

Pte. HOYLE B. MSG 8.12.51

Pte. HUDDLESTONE P. MSG 8.12.51

Pte. HUNTER J.B. WDD 9.5.53
(Leics attd. R.Fus)

L/Cpl. JACKSON G.E. WDD 8.12.51

Pte. JOHNSON E. WDD 8.12.51

Pte. KELLY D. WDD 16.9.50
(Leics attd. A & SH)

Cpl. KEMP L.J. WDD 17.11.51
as Sgt. WDD 1.3.52

Cpl. KENWORTH J. MSG 8.12.51

Pte. KENYON E.R. MSG 24.11.51

Pte. KILLEEN M. KIA 17.5.52
(RNF attd. Leics)

Pte. KINGDON L.A. WDD 17.11.51
(Glosters attd Leics)

Pte. KNOTT A. MSG 8.12.51

Pte. LAKIN C. WDD 8.12.51

Cpl. LANCASTER R. WDD 8.12.51

Sgt LEE D. MSG 8.12.51

Pte. LEEMING KIA 17.5.52
(Poss.RNF attd Leics)

L/Cpl. LEIGHTON F. WDD 17.11.51

Pte. LENTON A. WDD 24.11.51

Pte. LESTER S. WDD 8.12.51

Pte. LEWIS A.H. WDD 31.12.51

Pte. LIMB E.C. MSG 8.12.51

Pte. LINFOOT P.J. WDD 1.12.51

Pte. LOVELY J. KIA 2.2.52

Pte. LYNCH M.A. WDD 17.11.51
(DWR attd. Leics)

Pte. MADDOCKS B. WDD 17.11.51

Pte. MARROITT R. WDD 8.12.51

Pte. MARRISON J.D. WDD 14.6.52

Pte. MARSHALL G. MSG 8.12.51

Pte. McGOWAN N. WDD 1.12.51

Lt. McNAMARA A. WDD 2.5.51
(Leics attd RNF)

Cpl. MEADOWS F.S. WDD 24.11.51

Sgt. MILLHOUSE W.G. WDD 17.11.51

Lt. MILLINGTON F.B. KIA 3.5.51
(Leics attd. RNF)

Cpl. MORRIS J.T. WDD 17.11.51

L/Cpl. MOSS G.E. KIA 2.2.52

Pte. MUTTOCK R.A. WDD 17.11.51

Pte. NATTRASS E. MSG 8.12.51

Cpl.	NEWSOME J.W.	MSG 8.12.51
Pte.	OGARA M.	MSG 24.11.51
Pte.	OGLE R.C.	WDD 17.11.51
Pte.	ORMONDROYD T.	MSG 8.12.51
Pte.	PALMER W.	WDD 23.2.52
Sgt.	PARR E.W.	KIA 17.11.51
Pte.	PATTISON A.	MSG 24.11.51
Pte.	PEARSON W. (Wilts attd. Leics)	WDD 1.12.51
Pte.	PEDLEY E.	MSG 8.12.51 now located
Pte.	PENNINGTON F.	MSG 24.11 51
Pte.	PHELPS G.	WDD 17.11.51
Sgt.	PHILLIPS A. (MM)	MSG 24.11.51
Col.	POTTER N.	WDD 17.11.51
Cpl.	PRIDE H.	WDD 17.11.51
Pte.	PROCTOR-BROWN D.	WDD 31.12.51
Cpl.	PURCHES H.	WDD 8.12.51
L/Cpl.	QUIBELL F.	MSG 8.12.51
Pte.	RANDS R. (Foresters attd. Leics)	WDD 17 11.51
Pte.	REEVES S.	WDD 8.12.51
Pte.	REYNOLDS A.	WDD 8.12.51
Pte.	RICE S.R. (Lincs attd. Leics)	WDD 17.11.51
Pte.	ROBERTS L.	WDD 8.12.51
2?1t.	ROBERTS W. K.	Prev. Rept. MSG now KIA 5.4.52
Pte.	ROBEY R.	WDD 17.11.51
Pte.	ROBINSON C.	WDD 24.11.51
Pte.	ROUSE T.J.	WDD 17.11.51
Pte.	ROWLEY J.	WDD 17.11.51
L/Cpl.	RUSHWORTH N. (W.Yorks attd. Leics)	WDD 8.12.51
Pte.	RUSSELL J.A.	WDD 8.12.51
Pte.	RUTHERFORD T.D.	WDD 21.6.52

Pte.	SALMON C.	KIA 8.12.51
Pte.	SANDERS P	WDD 17.11.51
Pte.	SANDERSON F.	WDD 8.12.51
Pte.	SANFORD K.	WDD 8.12.51
Pte.	SAVAGE P. (Leics attd. A & SH)	WDD 30.9.50
Pte.	SHARMAN R.	KIA 8.12.51
Pte.	SHEARER F.	WDD 8.12.51
Pte.	SHEPHERD H.	KIA 8.12.51
Pte.	SHORT E. (Leics attd. A & SH)	WDD 7.10.50
Pte.	SIMS A.	WDD 8.12.51
Pte.	SKINNER E. (DWR attd Leics)	MSG 8.12.51
Pte.	SLIMM S.W.	MSG 15.12.51
Pte	SMITH B.L. (Foresters attd. Leics)	WDD 17.11.51
Pte.	SMITH J.	KIA 8.12.51
Pte.	SMITH R.	KIA 17.11.51
Pte.	SMITH W. (Leics attd. A & SH)	WDD 30.9.50
Pte.	SMITH W.	WDD 8.12.51
Pte.	SOUTHALL C.	WDD 17.11.51
Pte.	SUGDEN R.	MSG 24.11.51
Pte.	SYRON J.R.	MSG 24.11.51
Pte.	TAINTON T.	WDD 17.11.51 (Warwicks attd. Leics)
Pte.	TAYLOR B.	WDD 17.11.51
2/Lt.	TETLEY P ? G.H.	WDD 8.12.51
L/Cpl.	THOMPSON W.	KIA 8.12.51
Pte.	THURMAN C.	WDD 8.12.S1
Pte.	TOPPING H.	MSG 24.11.51 or "HS" now KIA 19.1.52
2/Lt.	TRIBBECK J.C. (Foresters attd. Leics)	KIA 22.3.52
Pte.	TURNER G.	WDD 8.12.51
Pte.	TURNER M.	WDD 24.11.51

L/Cpl.	TYLER J.	WDD 31.12.51
Pte.	TYNAN J.	KIA 17.11.51
L/Cpl.	URWIN N.	WDD 23.2.52
Pte.	WALKER D. (W. Yorks attd Leics)	MSG 8.12.51 ret. to Unit
Pte.	WARD T.	WDD 9.2.52
Pte.	WATERS C.C.	WDD 14.6.52
Pte.	WATSON J.	WDD 17.11.51
Pte.	WEDDELL J.	WDD 8.12.51
Lt.	WESTBURY R.H.R. (Leics attd. RNF)	WDD 20.1.51
Pte.	WESTON E.J.	WDD 17.5.52
Pte.	WHITE R.G.	MSG 22.3.52 now POW 12.7.52
L/Cpl.	WHITELAW H.H.	WDD 17.11.51
Pte.	WHITMORE L.	MSG 8.12.51
Pte.	WHITTAKER B.	MSG 8.12.51
Pte.	WILD N.	MSG 8.12.51
Pte.	WILLIAMS K.	MSG 8.12.51
Pte.	WILLIAMSON J.	WDD 8.12.51
Pte.	WILLIAMSON S. (Leics attd. A & SH)	WDD 7.10.50
Pte.	WILLOUGHBY D.	WDD 8.12.51
Pte.	WILSON D.	WDD 24.11.51
Pte.	WILSON W.	WDO 8.IZ.SI
Pte.	WINFIELD E.	WDD 8.12.51
L/Cpl.	WINN A.	MSG 8.12.51
Pte.	WI5HER L.E.	KIA 8.12.51
Pte.	WOOD P.J.	WDD 28.6.52
Pte.	WOODBURN R.H. (Leics Attd. A & SH)	WDD 23.9.50 WDD 30.9.50
Pte.	WRAGG E.	MSG 8.12.51
Pte.	WRAY S.A.C.	WDD 31.12.51
2/Lt.	WRIGHT J.	WDD 24 11 51 WDD 14.6.52
Pte.	YEO L.	WDD 8.12.51
Cpl.	YOUNG S.	WDD 8.12.51

THE GREEN HOWARDS
(ALEXANDRA, PRINCESS OF WALES'S, OWN YORKSHIRE REGIMENT)

Pte.	ELLISON T. (attd. D.W R.)	WDD 13/6/53

THE CHESHIRE REGIMENT

2/Lt.	RUDGE G.D. (Cheshires attd. R.N.F.)	KIA 2.5.51

THE ROYAL WELCH FUSILIERS

Fus.	ANGROVE D.T. (attd. R.Fus)	WDD 27.6.53
L/Cpl.	WEBBER W. (attd. R.Fus)	WDD 2.5.53

THE KING'S OWN SCOTTISH BORDERERS

Battle Honours For The Korean War.

1) Kowang-San. (Date of battle 3-12th Oct 1951)
2) Maryang-San. (Date of battle 4-6th Nov 1951)
3) Korea, 1951-1952.

Pte.	ADAMSON J.D.	WDD 29.10.51
Cpl.	AIKMAN W.H. (A & SH attd. KOSB)	WDD 17.11.51
Pte.	AITCHINSON J.C.	WDD 9.6.51
Pte.	ALEXANDER A.R. (Argyles attd. KOSB)	WDD 17.11.51
Pte.	ALLAN A.	WDD 20.10.51
L/Cpl.	ALLISON A. (A & SH attd. KOSB)	WDD 20.10.51
L/Cpl.	ANDERSON A.	WDD 20.10.51
L/Cpl.	ANDERSON A.D.	WDD 17.11.51
Pte.	ANDERSON D.A.W.	KIA 17.11.51
Pte.	ANDREW J.	WDD 29.10.51
Pte.	ANDREWS C.	WDD 20.10.51

Cpl. ANDREWS D.G. WDD 17.11.51

Pte. ANNAN A. MSG 7.10.50
(KOSB attd. Argyles)

Pte. ANYON J. WDD 7.10.50
(KOSB attd. Argyles)

Pte. APTER L.G. MSG 17.11.51
(KOSB attd. Argyles)

Pte. BANTON H.J. KIA 9.6.51

Pte. BATHGATE C. WDD 16.9.50
(KOSB attd. Argyles)

Pte. BEARDMORE O WDD 30.5 50
(KOSB attd. Argyles)

Pte. BELL J.G. MSG 17.11.51

Pte. BENNETT A.J. WDD 9.6.51
(Argyles attd. KOSB)

Cpl. BENNETT C.S. WDD 17.11.51
(A & SH attd. KOSB)

Pte. BIOLETTI C. WDD 20.10.51

Pte. BLACKSTOCK F. WDD 17.11.51
(Argyles attd. KOSB)

Pte. BRADFORD D.D. MSG 17.11.51
POW 22.12.51

L/Cpl. BRAID W.W. WDD 17.11.51
(A & SH attd. KOSB)

Pte. BRADY M. KIA 17.11.51

Pte. BRAWLS T.J. WDD 21.7.52

Pte. BRIDGES J.S. WDD 17.11.51
(Black Watch attd. KOSB)

Rfn. BROOKE R.H. WDD 17.11.51
(RUR attd. KOSB)

Pte. BROWN M. WDD 28.4.52

Pte. BRYSON R.E. WDD 17.11.S1

Pte. BURGESS J. WDD 17.11.51

Pte. BURGESS W. WDD 12.4.52

Pte. BUCHAN A. DOW 20.10.51
(A & SH attd. KOSB)

2/Lt. BURKE A.G. WDD 8.12.51
(Y & L attd. KOSB)

Pte. BU5K J. WDD 8.12.51

Pte. BUTLER J. DOW 20.10.51

Pte. CALVERT B. WDD 17.11.51

Lt. CAMERON A.M. WDD 8.12.51

Pte. CAMPBELL C. WDD 30.9.50
(KOSB attd. Argyles)

Cpl. CAMPBELL N. WDD 9.6.51

Pte. CARR W. WDD 29.10.51

Pte. CATHRALL D. WDD 9.6.51

Pte. CATTRELL G.W. WDD 17.11.51
(Argyles ettd, KOSB)

Pte. CAUFIELD R.A.J. MSG 17.11.51
(Argyles attd. KOSB)

Pte. CHANDLER J.H. WDD 17.11.51

Cpl. CHARNLEY J. WDD 22.3.52

Pte. CLARK A.B. KIA 9.6.51

Cpl. CLEE E.S. WDD 20.10.51

Pte. CLEE W. WDD 17.11.51

Pte. CLELLAND J.H. WDD 29.10.51

Cpl. CLELLAND R.S. WDD 9.6.51

Pte. CLEMENTS J.H. WDD 17.11.51
(Argyles attd. KOSB)

Pte. CLUCKLIE W. WDD 20.10.51

Pte. COLLINS F. KIA 17.11.51
(A & SH attd. KOSB)

L/Cpl. CONAGHAN J. WDD 9.6.51

L/Cpl. COOK J. KIA 17.11.51
(Argyles atta. KOSB)

Cpl. CORSER T.L. WDD 29.10.51
(Argyles attd. KOSB)

Pte. COUGHAN G. WOD 19.4.5Z

Pte. COWELL J.H. MSG 17.11.51

Pte. COWIE M. WDD 29.10.51
(Argyles attd. KOSB)

Pte. CRAWFORD A.T. MSG 28.7.52
now believed POW 21.3.53
POW 9.5.53

Pte. CRELLIN R MSG 17 11 51

Cpl. CRON J.R. KIA 20.10.51

Pte. CROW W. WDD 20.10.51

Cpl.	CROWLEY M.J.	WDD 17.11.51
Pte.	CRYAN J.	WDD 17.11.51
Pte.	CUNNINGHAM N.A. (A & SH attd KOSB)	WDD 9.6.51
Cpl.	CURRY D.B.	WDD 9.2.52
Pte.	DARROCH J.	WDD 17.11.51
Pte.	DAVIS K.A.	WDD 9.6.51
L/Cpl.	DAVISON W.	WDD 17.11.51
Cpl.	DIGAN W. (A & SH attd. KOSB)	WDD 17.11.51
Pte.	DINNIE R.N.	WDD 21.7.52
Cpl.	DIVERS J.	WDD 16.2.52
Pte;	DOUGHERTY W.	WDD 20.10.51
Pte.	DOUGHERTY W.H.	WDD 9.6.51
Pte.	DOWIE T.M.	MSG 17.11.51
Ptc.	DUKE P.	WDD 20.10.51
Pte.	DUKE R.J.	WDD 1.3.52
Pte.	DUNBAR J. (Argyles attd. KOSB)	WDD 17.11.51
Sgt.	DUNCAN J. (with Speakman)	WDD 17.11.51
Pte.	DYKES D.T.	WDD 17.11.51
Pte.	EDMOND W.A.	MSG 17.11.51
Pte.	ELMSLIE J.D. (A & SH attd. KOSB)	WDD 9.6.51
Cpl.	EWAN A.	MSG 17.11.51 POW 22.12.51
Pte.	FAIRLEY T.G.	WDD 17.11.51
Pte.	FINLAYSON K. (Black Watch attd. KOSB)	WDD 20.10.51
L/Cpl.	FITTS M.R.	KIA 8.12.51
Pte.	FORREST A.	WDD 9.6.51
Cpl.	FORSTER J.J. (A & SH attd. KOSB)	WDD 17.11.51
Ptee	FOSTER D.M.	MSG 17.11.51
2/Lt.	FOULIS J.A.	WDD S.II.SI WDD 8.12.51

Pte.	FULLERTON J.	WDD 28.4.52
Pte.	FURLONG J.	WDD 17.11.51
Pte.	GALBRAITH J. (A g SH attd KOSB)	WDD 17.11.51
Cpl.	GALLAGHER J.	KIA 9.6.51
Pte.	GAULD T.J. (A & SH attd. KOSB)	WDD 20.10.51
L/Cpl.	GEDDES J.S.	WDD 17.11.51
Pte.	GIBSON J.	WDD 28.4.52
L/Cpl.	GILDAY P. (A & SH attd. KOSB)	MSG 17.11.51
Pte.	GOLDIE R.	WDD 20.10.51
L/Cpl.	GOODAIR D.	WDD 15.3.52
Pte.	GOSNELL W.	KIA 28.4.52
Pte.	GRAHAM J.M.	WDD 17.11.51
Pte.	GRAHAM W.R.	WDD 17.11.51
Pte.	GRANT J.	WDD 17.11.5
Cpl.	GRAVESTOCK P. (A & SH attd. KOSB)	WDD 9.2.52
Pte.	HALDANE T.	MSG 24.11.51
Pte.	HALL R.A.	WDD 29.10.51 WDD 17.11.51
W02	HALL W.	KIA 20.10.51
Pte.	HALLIDAY A.	WDD 20.10.51
Rfn.	HARDING J. (RUR attd. KOSB)	WDD 17.11.51
Pte.	HARRILD G.J.	WDD 17.11.51
Pte.	HARRISON G.W.	KIA 12.4.52
Pte.	HARRISON H.	WDD 17.11.51
Pte.	HASTIE R P	WDD 9 6 51
2/Lt.	HENDERSON J.C.J.B. (R. Scotts attd KOSB)	WDD 20.10.51 WDD 17.11.51
Pte.	HENDRY J.A.	WDD 17.11.51
Pte.	HEPPLEWHITE H.	WDD 21.7.52
Pte.	HILL E. (KOSB attd. A & SH)	KIA 7.10.50

Cpl.	HILL L. (A & SH attd. KOS8)	WDD 3.5.52
Pte.	HOBBS A.E.	MSG 17.11.51
Rfn.	HOLLINGDALE A. (RUR attd KOSB)	WDD 17.11.51
Pte.	HOLMES A.H.F. (KOSB attd. A & SH)	KIA 30.9.50
Pte	HOOD J.	WDD 17 11 51
Pte.	HOPSON A.G. (A & SH attd. KOSB)	WDD 17.11.51
Pte.	HUDSON R.A. (A & 5H attd. KOSB)	WDD 9.6.51
Cpl.	HUMPHREY R. (A & SH attd. KOSB)	WDD 20.10.51
Pte.	HUTCHINSON J. (A & SH attd. KOSB)	WDD 17.11.51
Pte.	HYSLOP F.G.	WDD 29.10.51
L/Cpl.	IGGULDEN R.A.D.	WDD S.ll.Sl
Pte.	INNES T.	WDD 20.10.51
Pte.	IRVING R. (KOSB attd. A & SH)	WDD 30.9.50
Pte.	JACKSON J.	WDD 20.10.51 WDD 17.11.51
Cpl.	JACKSON S.F.T.	KIA 8.12.51
L/Cpl.	JAMIESON A.	WDD 20.10.51
Pte.	JOHNSTON R.	WDD 20.10.51
Pte.	JORDAN C.S. (A & SH attd. KOSB)	WDD 20.10.51
Pte.	KEEGANS J.	WDD 10.11.51
Pte.	KEEN C.	WDD 29.10.51
Pte.	KELLY T.	WDD 20.10.51
Pte.	KEMP R. (KOSB attd. A & SH)	KIA 18.11.50
Pte.	KENNEDY D.	MSG 17.11.51
Pte.	KERR H.	MSG 17.11.51
Cpl.	KERR J.F.	MSG 17.11.51
Pte.	KING M.	WDD 17.11.51
Rfn.	KNOX T.C. (RUR attd KOSB)	WDD 8.12.51
L/Cpl.	LAWSON G.Y.	WDD 5.11.51
Pte.	LILLIE A.	WDD 9.2.52
2/Lt.	LINDQUIST J.W. (HLI attd. KOSB)	WDD 17.11.51
Pte.	LOCKETT E. (A & SH attd. KOSB)	KIA 17.11.51
Pte.	LOCKHART R. (KOSB attd. A ^ SH)	WDD 18.11.50
Pte.	LOCKHART T.	MSG 17.11.51 POW 12.1.52
Pte.	LOCKWOOD G.	WDD 20.10.51
Pte.	LUMMIS H.	KIA 16.2.52
Fus.	LYDON P. (RNF attd. KOSB)	MSG 17.11.51
Pte.	MACKIN J.	KIA 17.11.51
Pte.	MARJORIBANKS G.	WDD 17.11.51
L/Cpl.	MARRIOTT E.	WDD 9.2.52
Pte.	MARSHALL R.J.A.	KIA 21.7.52
L/Cpl.	MARTIN W. (A & SH attd. KOSB)	MSG 17.11.51
Cpl.	MATTHEWS L. (A & SH attd. KOSB)	WDD 29.10.51
Pte.	MATULEVICZE C.	WDD 28.4.52
Pte.	MAXWELL R.	KIA 20.10.51
Pte.	McALLISTER A.G.	MSG 17.11.51
Pte.	McBRIDE N.	WDD 20.10.51
Pte.	McCALLUM K.	WDD 20.10.51
Pte.	McCALMONT B.	WDD 20.10.51
Pte.	McCAMISH J.D. (Argyles attd. KOSB)	WDD 29.10.51
Pte.	McCLAUGHIN R.S.	WDD 20.10.51
Pte.	McCRORY J.	MSG 17.11.51
Pte.	McCURDY M. (A & SH attd. KOSB)	WDD 17.11.51
Pte.	McDONALD R. (A & SH attd. KOSB)	MSG 17.11.51
Pte.	McDOUGALL L. (Black Watch attd. KOSB)	KIA 20.10.51

Pte. McFADDEN J. WDD 1.3.52

L/Cpl. McGRADY H.J. WDD 17.11.51
(A & SH attd. KOSB)

L/Cpl. McGUFFIE N. WDD 20.10.51

Pte. McHALE C. MSG 17.11.51
(A & SH attd. KOSB)

L/Cpl. McINNES J. WDD 28.4.52

Pte. McINULTY G. WDD 12.7.52

Pte. McKAY T.G. MSG 17.11.51

Pte. McKENDRICK R. MSG 17.11.51
now KIA 16.5.53

Pte. McKINNON A. WDD 8.12.51

Pte. McLACHLAN J.C.L. MSG 17.11.51

Pte. McLAUGHLIN R. WDD 7.10.50
(KOSB attd A & SH)

Pte. McLEOD A. MSG 17.11.51

Pte. McLEOD J.A. WDD 17.11.51
(A & SH attd. KOSB)

Pte. McMAHON T. WDD 10.11.51

Sgt. McMILLAN J. WDD 9.6.51

L/Cpl. McMILLAN J.A. WDD 17.11.51

Pte. McMILLAN T. WDD 20.10.51

Lt. McMILLAN-SCOTT A.H.F. WDD 9.6.51
MSG 17.11.51

Pte. MEIGHAN J. WDD 18.11.50
(KOSB attd. A & SH)

Pte. MEIKLE D. MSG 17.11.51

Pte. MELDRUM J. WDD 20.10.51

Pte. MILLER G. WDD 17.11.51

Pte. MILLAR J. KIA 9.6.51
(A & SH attd. KO5B)

Sgte MITCHELL R.F. WDD 17.11.51
(A & SH attd. KOSB)

Pte. MOORE A. WDD 9.2.52
(A & SH attd. KOSB)

Pte. MORAN T. WDD 16.2.52

Pte. MORELAND D. KIA 20.10.51

Pte. MORGAN K. WDD 28.4.51
(KOSB attd. Argyles)

WO2 MORRIS J. MSG 17.11.51
now KIA 4.4.53

Pte. MORTON R.T. MSG 17.11.51

2/Lt. MUDIE E.R. WDD 9.6.51

Sgt. MUNN A.R. KIA 17.11.51

Pte. MUNRO R. MSG 17.11.51
(A & SH attd. KOSB)

W02 MURDOCK J. WDD 17.11.51

Pte. MURPHY J. WDD 17.11.51

Sgt. MUSGRAVE R.F. MSG 17.11.51

Cpl. NELSON T.A. WDD 20.10.51

Sgt. NEWMAN E.E.C. KIA 17.11.51

Pte. NICOLL A. WDD 9.6.51

Pte. NICOLL J. KIA 6.10.51
(Seaforths attd. KOSB)

Pte. NICOLSON A. WDD 20.10.51
(A & SH attd. KOSB)

Pte. NISBETT W. KIA 20.10.51
(A & SH attd. KOSB)

Pte. NORTH F. KIA 22.3.52

Pte. NOTMAN W.R. WDD 17.11.51

Pte. O'BOY J. MEG 17.11.51
(A & SH attd. KOSB)

Pte. OGILVY H.J. WDD 10.11.51

Pte. OLIVER R.W. WDD 10.11.51

L/Cpl. OWEN T.E. WDD 5.11.51

Pte. PATERSON W. WDD 5.7.52

L/Cpl PATISON G WDD 17 11 51

Sgt. PATTISON M. WDD 23.2.52

Pte. PENDER J.R. WDD 17.11.51

Pte. POOLE J.H. WDD 7.10.50
(KOSB attd A & SH)

Pte. PORTERFIELD J. WDD 29.10.51

Cpl. PRICE T. KIA 17.11.51

Pte.	PROLL A. (KOSB attd. A & SH)	WDD 30.9.50
Pte.	PURDIE J.H.	KIA 9.6.51
2/Lt.	PURVES W.	WDD 17.11.51
Pte.	PYPER J.	WDD 17.11.51
Pte.	QUATE J.	WDD 6.10.51
Pte.	QUINN D.	WDD 20.10.51
Pte.	REILLY J.	WDD 23.2.52
Pte.	REILLY W.	MSG 17.11.51
Pte.	RENNIE S.	KIA 20.10.51
Pte.	RESSIA P.C.	KIA IO.II.SI
Pte.	RITCHIE J.	WDD 17.11.51
Pte.	RODDIE H.	WDD 17.11.51
Pte.	RODGER A.	WDD 8.12.51
Pte.	RODGER J H	MSG 17.11.51
Pte.	ROGERS R.	MSG 17.11.51
Lt.	ROOKE P.S. de T.	WDD 22.3.52
Sgt.	RORRISON J.	MSG 17.11.51 now located WDD 1.12.51
Pte.	RUICKBIE W.	MSG 17.11.51
Pte.	SAWYER J.	WDD 17.11.51
Pte.	SCALLY D.	WDD 29.10.51
Pte.	SCOBIE J.	WDD S.II.SI
Pte.	SCOTT H L (KOSB attd. Black Watch)	WDD 8.11 52
L/Cpl.	SELKIRK L.W. (A & SH attd. KOSB)	WDD 17.11.51
Pte.	SHAW J.	WDD 5.5.51
Pte.	SHAW W.	WDD IO.II.SI
Pte.	SHEDDEN R.	KIA 29.10.51
Pte.	SHIPTON F. (A & SH attd. KOSB)	WDD 29.10.51
Pte.	SIMPSON J.L. (A & SH attd KOSB)	WDD 17.11.51
Pte.	SINCLAIR A.D.	WDD 1.3.52
Pte.	SINCLAIR P. (KOSB attd. A & SH)	WDD 7.10.50
Pte.	SINCLAiR T.	KIA 20.10.51
Pte.	SLEIGHT J.	WDD 16.2.52
L/Cpl	SLIM A.	WDD 20.10.51
Pte.	SMITH D. (A & SH attd KOSB)	MSG 17.11.51 KIA 1.3.52
Pte.	SMITH E.	WDD 17.11.51
Pte.	SMITH M.L.	WDD 17.11.51
Pte.	SMITH W.	WDD 15.3.52
-Pte.	SPEAKMAN W. (A & SH attd. KOSB)	WDD 17.11.51
Pte.	SPIERS F.	MSG 17.11.51
Pte.	STARK T.	KIA 15.3.52
Pte.	STEWART J.	WDD 3.5.52
Pte.	STRANG W.	WDD 19.4.52
Sgt.	SUTHERLAND S.J. (A & SH attd. KOSB)	KIA 17.11.51
Pte.	TELFORD E. (A & SH attd. KOSB)	MSG 17.11.51
Pte.	THOMPSON R.	WDD 17.11.51
Pte.	THOMSON J.P.	WDD 20.1C.51
Pte.	THOMSON W. (A & SH attd. KOSB)	WDD 17.11.51
Cpl.	TODD H.	WDD 28 4 52
L/Cpl.	TODD J.D.	WDD 10.11.51
Pte.	VALLOISE V. (A & SH attd. KOSB)	WDD 17.11.51
Pte.	VERNON R. (KOSB attd Argyles)	WDD 7.10.50
Pte.	WAGSTAFF G. (A & SH attd. KOSB)	WDD 17.11.51
Pte.	WALKER J.H.	WDD 17.11.51
Pte.	WALKER W.M.	MSG 17.11.51
Pte.	WALLACE G.	WDD 16.2.52
Pte.	WALLACE I.	KIA 28.4.52
Pte.	WATCHMAN R.	WDD 17.11.51

L/Cpl.	WATSON J.	KIA 12.4.52
Pte.	WEIR R	WDD 16 2 52
Cpl.	WELSH J.	WDD 17.11.51
L/Cpl.	WESLEY J.M.	WDD S.ll.Sl
Cpl.	WHENMAN R.S.	WDD 20.10.51
2/Lt.	WHITE C.M.	WDD 24.5.52
Pte.	WHITELAW D.	WDD 9.6.51
Cpl.	WILKINSON C.B.	WDD 9.6.51
Pte.	WILLIAMSON J.A. (Middlesex attd KOSB)	WDD 5.11.51
Pte.	WILSON G.M. (A & SH attd KOSB)	WDD 9.6.51
Cpl.	WILSON J.M.	WDD 17.11.51
Pte.	WILSON S.K.	WDD 17.11.51
Cpl.	WOOD D. (A & SH attd. KOSB)	WDD 17.11.51
Pte.	WOOLARD J. (A & SH attd. KOSB)	WDD 17.11.51
Pte.	WRIGHT J.	MSG 17.11.51 now KIA 11.4.53

THE CAMERONIANS
(SCOTTISH RIFLES)

Pte.	WALKER G. (Attd. Black Watch)	WDD 8.11.51

THE ROYAL INNISKILLING FUSILIERS

Capt.	COCKSEDGE G.W.H. (MC) (Attd. R.U.R.)	WDD 10.2.51
Fus.	IRELAND W. (Attd. Kings)	WDD 1.6.53
2/Lt.	KAVANAGH P.J.G. (Attd. R.U.R.)	WDD 2.5.51

THE GLOUCESTERSHIRE REGIMENT

Battle Honours For The Korean War

1) Hill 327 (Date of battle 16-20th February 19Sl)
2) Imjim (Date of battle 22-25th April 19Sl)
3) Korea 1950-19S1.

Pte.	ADAMS S.	MSG S.S.S1 POW 13.10.51
Pte.	ADLEM A. or "AR"	MSG 4.5.51 POW Z9.9.51
Pte.	ALDRETT L. or "J"	MSG 4.5.51 POW 13.10.51
Pte	ALEXANDER A or "K"	MSG 3.5 S1 POW 29.9.51
Pte.	ALLEN L.	MSG 4.5.51 POW 13.10.51
Lt.	ALLMAN D.G. (Hamps attd Glosters)	MSG 2.5.51 POW 6.10.51
Pte.	ALLMAN R.	MSG S.S.S1 POW 13.10.51
L/Cp1.	ALLNUT R.N.	WDD 3.3.51
Pte.	ALLUM A.J.	MSG 3.5.51 POW 13.10.51
Pte.	ALLUM R.B.	MSG 3.5.51 POW 13.10.51
Pte.	ALLUM S.A.	MSG 5.5.51
Pte.	ANDERSON A.	MSG 4.5.51 POW 13.10.51
Pte.	ANDERSON H.G.	WDD 2.5.51
Pte.	ANDREWS G.W.	WDD 3.3.51
Major	ANGIER P.A.	KIA 2.5.51
Pte.	ARMSTRONG W.C. or "Cpl. W"	MSG 5.5.51 POW 13.10.51
Pte.	ASHTON C. "R"	MSG 27.1.51 WDD 10.3.51
Pte.	ASKEY H.	MSG 4.5.51 POW 13.10.51
Pte.	AUSTIN R.	MSG 4.5.51 POW 29.9.51
L/Cpl.	AYLWARD W.	M$G 4e5.51
Pte.	BAILEY A.L.	KIA 9.6.51
Cpl.	BAILEY C.	MSG 4.5.51

	or "CA"	POW 13.10.51
Pte.	BAILEY D.C. or "D"	MSG 4.5.51 POW 13.10.51
Pte.	BAILEY E.	KIA 3.3.51
Pte.	BAILEY F.D.	MSG 5.5.51 POW 6.10.51
Pte.	BAILEY G.J.	(Not on MSG) now POW Previously reported MSG 13.12.52
Pte.	BAKER C.A.	MSG 3.5.51 POW 6.10.51
Cpl.	BAKER G. or "GR"	MSG 5.5.51 POW 13.10.51
Pte.	BAKER L.C.	MSG 3.5.51 POW 13.10.51
W02	BAKER N.V. or"V"	MSG 2.5.51 POW 29.9.51
L/Cpl.	BALDWIN K.W.	MSG 5.5.51 now KIA 24.5.52
Pte.	BALLARD R.T.	KIA 2.5.51
L/Cpl.	BALLS D.A.	KIA 2.5.51
Pte.	BARBER D.N.	MSG S.S.S1
Pte.	BAQCLAY F. or "FT"	MSG 5 5 51 now KIA 13.6.53
Pte.	BARLETT S. or "Bartlett"	MSG 5.5.51 POW 13.10.51
Pte.	8ARRY T.	MSG 4.5.51 POW 13.10.51
Cpl.	BASHAM E.	MSG 3.5.51 POW 10.11.51
Pte.	BASTON W.T	MSG 3.5.51 POW 13.10.51
Cpl.	BATEMAN J. or "JW"	MSG 4.5.51 POW 13.10.51
Pte.	BATTS N.	MSG 4.5.51 POW 24.11.5
Cpl.	BEAR P.J.	MSG 4.5.51 POW 13.10.51
Pte.	BEDDIS R.	MSG 4.5.51 POW 6.10.51
L/Cpl.	BEER P. (Glosters attd. Welch)	WDD 16.2.52
Pte.	BENFORD V.	MSG 4.5.51

		POW 13.10.51
L/Cpl.	BENNETT R. ?? or "Pte."??	MSG 2.5.51
Pte.	BENNETT R.A.	MSG 3.5.51 POW 6.10.51
L/Cpl.	BENNEYWORTH T.	MSG 4.5.51 POW 13.10.51
Pte.	BENNION L.	MSG S.S.S1
Pte.	BEVIS A.	WDD 2.12.50
L/Cpl.	BIDWELL O.S. or "C"	MSG 4.5.51 POW 6.10.51
Pte.	BIGGLESTONE A.J. or "R"	MSG S.S.S1 POW 29.9.51
Cpl.	BILBOE W. or "Bolboe"	MSG S.S.S1 POW 13.10.51
Pte.	BINDING D.	MSG 4.5.51 POW 13.10.51
Pte.	BINGHAM T.R.	MSG 4.5.51 POW 13.10.51
Pte.	BIRCH G. or GA	MSG 3.5.51 POW 24.11.51
Pte.	BIRD C.	WDD 3.3.51
L/Cpl.	BIRT E.J.	MSG 3.5.51 POW 29.10.51
Cpl.	BISHOP L.J.	KIA 2.5.51
Pte.	BISSELL M. or "MJ"	MSG 4.5.51 POW 6.10.51
Pte.	BLACKMORE D.R. (Devons attd. Glosters)	WDD 2.5.51
Pte.	BLOOMFIELD G. or "GD"	MSG 4.5.51 POW 29.9.51
Pte.	BLOXHAM J.E.	WDD 3.3.51
Lt.	BLUNDEL A.F. or "Blundell" (Dorsets attd. Glosters)	MSG 2.5.51 POW 6.10.51
Rfn.	BOCKINS N. (RUR attd. Glosters)	WDD 4.8.51
Pte.	BOOL D. or "DC"	MSG 4.5.51 POW 13.10.51
Pte.	BOORMAN R.A.	MSG 4.5.51 POW 6.10.51
Pte.	BOSTOCK F.W.D.	MSG 4.5.51

	or "FW"	POW 10.11.51
Pte.	BOUNDEN M.E.	MSG 3.5.51 POW 13.10.51 Pte. M. Bounden captured 26.4.51 released 26.4.53
Pte.	BOUREL F.A.	MSG 5.5.51
Pte.	BOWL V.	MSG 5.5.51
Pte.	BOWLEY J.	MSG 3.5.51 POW 6.10.51
Pte.	BRADLEY A.J.	WDD 3.3.51
Pte	BRADLEY S.	MSG 4.5.51 POW 6.10.51
Pte.	BRADSHAW A.	MSG 4.5.51 POW 13.10.51
Pte.	BRADSHAW M.	MSG 4.5.51 POW 13.10.51
Pte.	BRAMLEY H.	MSG 4.5.51
Pte.	BRAUND E.G.	WDD 13.10.51
Pte.	BRAZENHALL W.	MSG 4.5.51
Pte.	BRAZ1ER F.	MSG 5.5.51 POW 10.11.51
Pte.	BRETT A.A. or "L/Cpl"	MSG 3.5.51 POW 10.11.51
Pte.	BRIDGEMAN W.G.	WDD 3.3.51
Sgt.	BRISLAND S.J.	MSG 3.5.51
Pte.	BROOKS C.A.	MSG S.S.S1
Pte.	BROOKS J. or "JH"	MSG 4.5.51 POW 13.10.51
Cpl.	BROUGHTON E. or "Boughton" DCM	MSG 4.5.51 POW 13.10.51
L/Cpl.	BROWN E. (Glosters attd. RUR)	WDD 2.5.51
Pte.	BROWN H.J.	MSG 5.5.51 POW 29.9.51 Released 20.4.53 Times 21.4.53
Pte.	BROWN J.	WDD 13.10.51
Pte.	BROWN J.J. or "J"	MSG 4.5.51 POW 13.10.51
Pte.	BROWN V.	WDD 3.3.51
Pte.	BUDDEN R.A.	MSG 5.5.51

		POW 29.9.51
Pte.	BULLOCK G.F. (Wilts attd. Glosters)	WDD 2.5.51
Cpl.	BURCHILL G.B.	KIA 2.5.51
Pte.	BURTON M.	KIA 3.3.51
Pte.	BURTON R.J.	KIA 2.5.51
CQMS	BUSS P.E.	MSG 2.5.51
Pte.	BUTCHER D.R.	MSG 4.5.51 POW 13.10.51
Pte.	BUTLER A.J.	WDD 3.3.51
CQMS	BUXCEY H.E.	MSG 2.5.51 now known KIA 10.11.51
Lt.	CABRAL H.C.	MSG 2.5.51 Died as POW 16.2.52
Pte.	CAIN J.	MSG 3.5.51
Pte.	CAMERON A.	WDD 3.3.51
Ptc.	CAMPBELL A. (Glosters attd. Norfolks)	MSG 15.12.51 now KIA 29.3.52
Pte.	CANNON F. or "FW"	MSG S.S.S1 POW 6.10.51
Pte.	CARKETT W.C.	MSG 5.5.51 POW 13.10.51
Lt/Col.	CARNE J.P.	MSG 2.5.51 POW 6.10.51
Pte.	CARTER A.	MSG 4.5.51 POW 29.9.51
Pte.	CARTER A.D.	MSG 3.5.51 not MSG WDD 12.5.51
Pte.	CARTER F.	MSG 5.5.51
Pte.	CARTER W.C.	MSG 3.5.51 ?? Cpl.W. Carter POW 13.10.51
Pte.	CASON D.	KIA 3.3.51
A/Cpl.	CATTERMOLE R.	WDD 3.3.51
Pte.	CAWSEY M.T.	MSG 4.5.51
2?1t.	CHADWICK C.M. (Glosters attd. Leics)	WDD 22.12.51
Pte.	CHALK H.W.	WDD 2.5.51
Pte.	CHAM R.	M5G 4.5.51
Pte.	CHAMBERLAIN G. A.	WDD 28 .4. 5 1

Pte.	CHAMBERS G.	MSG 3.5.51 POW 13.10.51 Released 21.4.53 Times 22.4.53
Pte.	CHAMBERS J.	MSG 4.5.51 POW 6.10.51
Pte.	CHAPLIN L.R. (Glosters attd. Welch)	WDD 9.8.52
Pte.	CHAPMAN G.	MSG 3.5.51 KIA 7.7.51
Cpl.	CHARMAN L.	MSG 4.5.51
Pte.	CHILCOTT M.P.	MSG 5.5.51 POW 6.10.51
Cpl.	CHILOS E.H.	MSG 5.5.51 POW 13.10.51
Pte.	CHITTY N.F.	MSG 3.5.51
Pte.	CHURCHYARD H.G.	WDD 3.3.51
Pte.	CLARK D.T.	MSG 5.5.51 POW 13.10.51
Pte.	CLARK P.J.	MSG 4.5.51
Pte.	CLARK W.	MSG 5.5.51 POW 6.10.51
Pte.	CLARKE A. or "Clark"	MSG S.S.S1 POW 6.10.51
Pte.	CLARKE G.	MSG 3.5.51 now known KIA 10.11.51
Pte.	CLARKSON J.	MSG 4.5.51 POW 6.10.51
Sgt.	CLAXTON J.	WDD 10.3.51 also reported MSG 5.5.51
Sgt.	CLAYDEN T.	MSG 4.5.51
Pte.	CLAYSON R. or "RR"	MSG 4.5.51 POW 13.10.51
L/Cpl.	CLEVELAND W.S.	WDD 21.7.51
Pte.	CLIFFORD E.C.	WDD 2.5.51
Pte.	CLOVER A. (Glosters attd. Middx ??)	WDD 3.3.51
Pte.	CLUTTERBUCK F.	MSG 4.5.51
Pte.	COKAYNE A	WDD 3.3.51
Pte.	COLBURN A. or "AE"	MSG 4.5.51 POW 13.10.51

Pte.	COLLETT R.E.	WDD 2.5.51
Pte.	COLLIER E.T.	WDD 2.5.51
Pte.	COLLINS J. or "JW"	MSG 5.5.51 POW 13.10.51
Pte.	COLLINS K.H.	MSG 3.5.51 POW 13.10.51
Pte.	COLTMAN R.W.A. or "RW"	MSG 4.5.51 POW 29.9.51
Lt.	CONEELY T. or "Coneeley" (Devons attd. Glosters)	KIA 2.5.51 now POW 6.10.51 ?
Pte.	COOK R. (Glosters attd RUR)	MSG 2.5.51
Pte.	COOK W.	MSG 4.5.51 POW 13.10.51
Pte.	COOKE G. "Cpl." ?? (Wilts attd. Glosters)	MSG 3TS S1 POW 10.11.51
Pte.	COOMBES M. or "MR"	MSG 4.5.51 POW 13.10.51
Pte.	COOPER W.	MSG 4.5.51 POW 13.10.51
Pte.	CORAM D.	MSG 4.5.51
Pte.	CORNEY E.E.A.	MSG 4.5.51 POW 6.10.51
Pte.	CORNISH D.	MSG S.S.S1
Lt.	COSTELLO G.T. (Hampshires attd. Glosters)	MSG 2.5.51 POW 6.10.51
Sgt.	COTTAM S.W.	MSG S.S.S1
Pte.	COX H.	MSG 5.5.51 POW 13.10.51
Pte.	COX J.	MSG 4.5.51 POW 13.10.51
Pte.	COX R.E. or "R"	MSG 3.5.51 POW 13.10.51
Pte.	COX W.J.	MSG 3.5.51 POW 6.10.51 Released 21.4.53 Times 22.4.53
Pte.	CRABBE J.E.	WDD 5.5.51

Pte.	CRAGG J.	MSG 5.5.51 POW 6.10.51 Died as POW 20 6 53
Pte.	CREWS R.E.	MSG 3.5.51
L/Cpl.	CRISP J.	MSG 5.5.51 POW 13.10.51
Sgt.	CROMPTON P.C.	MSG 12.5.51
Pte.	CROS8Y A.	MSG 4.5.51 POW 13.10.51
Pte.	CROWSON E.	KIA 3.3.51
Lt.	CURTIS P.K.E. (DCLI attd. Glosters)	KIA 2.5.51
Pte.	CUSSON A.J.	MSG 4 5.51 POW 10.11.51
L/Cpl.	CUTHBERT A.T.	MSG 3.5.51 POW 13.10.51
Pte.	DAILEY G.J.	M5G 5.5.51
Pte.	DANDO C.	MSG 3.5.51 POW 13.10.51
Pte.	DAVIES A.	WDD 2.5.51
Pte.	DAVIES E.	MSG 4.5.51
Pte.	DAVIES F. or "FL"	MSG 4.5.51 POW 13.10.51
Pte.	DAVIES F.L.	WDD 2.12.50
Pte.	DAVIES G.	KIA 3.3.51
L/Cpl.	DAVIES J.	WDD 6.1.51
CF/4th Class	DAVIES S.J. (RACD attd. Glosters)	MSG 3.5.51 POW 5.11.51
Pte.	DAVIES T. MSG 4.5.51 or "TH"	POW 10.11.51
Pte.	DAYIS L.	MSG 4.5.51 POW 6.10.51
Pte.	DAVIS R.L.J.	MSG 3.5.51 POW 13.10.51
Pte.	DAVIS S.W.	MSG 5.5.51 POW 6.10.51
Cpl.	DAW D.A. or "Dawe"	MSG 3.5.51 POW 29.9.51
Pte.	DAWS F.W.	MSG S.S.S1
Pte.	DAWSON G.	MSG 4.5.51

Pte.	DAWSON H. or "HN"	MSG 5.5.51 POW 29.9.51
Pte.	DAY E.	MSG 3.5.51 POW 24 11 51
Pte.	DEANEY H.	MSG 3.5.51
Pte.	DEARDEN P.	MSG 4.5.51
Sgt.	DEE I.H.J.	MSG 3.5.51
Pte.	DEMERY G.G.	WDD 2.12.50
Pte.	DESFARGES R.	MSG 5 $ 51 POW 13.10.51
Pte.	DEVINE F.R. or "F"	MSG 3.5.51 POW 13.10.51
Pte.	DIGWEED H.	MSG 4.5.51 POW 13.10.51
Pte.	DILLON C.	MSG S.S.S1 POW 13.10.51
Pte.	DIMMELOW B. or "L/Cpl" Dimmilon"	MSG 4.5.51 POW 13.10.51
Pte.	DISS P.R.	WDD 10.11.51
Pte.	DIX W.	MSG S.S.S1
Pte.	DIXON J.	MSG 4.5.51
Cpl.	DONAGHUE A.J. or "Donohue"	M5G 3.5.51 POW 13.10.51
Pte.	DONALDSON W.	MSG 3.5.51
Pte.	DONE J. (Glosters attd. RUR)	WDD 2.5.51
Pte.	DONKIN B.	POW 13.10.51 not listed among MSG
Pte.	DOWDING R.J.	MSG 4.5.51
Pte.	DOWDS F.	MSG 5.5.51
Pte.	DOWNS W. (Glosters attd. Leics)	WDD 17.11.51
Pte.	DOWSE A.	MSG 4.s.61 POW 13.10.51
Pte.	DREWITT P.W.	WDD 2.5.51
Pte.	DUDLEY F.	MSG 4.5.51 POW 24.11.51
Pte.	DURACK C.	MSG 4.5.51 POW 13.10.51

Pte. DURHAM H. or "HH" — MSG 5.5.51, POW 13.10.51

Pte. DWYER R. — KIA 2.12.50

L/Cpl. DYER C. or "CJ" — MSG S.S.S1, POW lO.ll.Sl

Pte. DYMOND R. or "RV" — MSG 5.5.51, POW 13.10.51

Pte. EAGLES A.P. — MSG 3.5.51, POW 8.12.51

Pte. EALES B. or "BO" — MSG 3.5.51, POW 13.10.51

Sgt. EAMES K. — MSG 4.5.51, KIA 21.7.51

Pte. EDKINS C.H. — MSG 5.5.51

Pte. EDMONDS J. — MSG 3.5.51, POW 10.11.51

Pte. EDWARDS G. (Glosters attd. KSLI) — WDD 7.7.51

Pte. EDWARDS L. — WDD 3.3.51

Pte. EDWARDS L.C. (Glosters attd. RUR) — WDD 2.5.51

Pte. EDWARDS S. — WDD 3.3.51

Pte. EDWARDS S.E. — MSG 4.5.51, POW 13.10.51

Pte. EGAM G.A. — WDD 2.5.51

Pte. ELLEMENT R.H. — WDD 3.3.51

Pte. ELLERBY L. — MSG 5.5.51, POW 1.12.51

Pte. ELKINS H.E. — WDD 2.5.51

Pte. ELLARD A.P. or "A" — MSG S.S.S1, POW 6.10.51

Cpl. ELLIOTT G. — MSG 5.5.51

Pte. ELLSON G. (Glosters attd. Middx) — KIA 3.3.51

2/Lt ENGLISH D J. or "DT" — MSG 2 5.51, POW 29.10.51

Pte. ENGLISH R. — MSG 4.5.51, POW 6.10.51

Pte. ENNIS W. — MSG 4.5.51, POW 13.10.51

Pte. ESSEX L. — MSG 5.5.51, not MSG - WDD in Hospital 2.6.51

Pte. ETHERINGTON P.J. — MSG 5.5.51, now KIA 4.7.53

Pte. EVANS A.R. — MSG 3.5.51, POW 13.10.51

Pte. EVERITT J. — MSG S.S.S1, POW 13.10.51

Pte. FARNELL S.J. — MSG 2.5.51, POW 6.10.51

Capr. FARRAR-HOCKLEY A.H. — MSG 2.5.51, POW 6.10.51

Pte. FENNER W. or "WJ" — MSG 5.5.51, POW 1.12.51

Pte. FINNERTY T. — MSG 4.5.51, POR 6.10.51

Pte. FISH R.H. or "RW" — MSG 5.5.51, POW 10.11.51, Pte. R. Fish released 21.4.53, Times 22.4.53

Cpl. FLANAGAN H. — WDD 3.3.51

Pte. FLUCK D.G. — MSG 3.5.51, Died as POW 13.6.53

Pte. FLYNN R.C. or "RG" — MSG 3.5.51, POW 6.10.51

Pte. FOSTER R. or "RP Forster" — MSG 4.5.51, POW 13.10.51

Pte. FOSTER S. — MSG 4.5.51, POW 6.10.51

Pte. FOWLER H. — MSG S.S.S1, POW 13.10.51

Pte. FOWLER J. — MSG S.S.S1, POW 10.11.51

Pte. FOX W.A. — KIA 2.5.51, now POW 10.11.51

Pte. FRANCIS C.D. — WDD 28.4.51, MSG S.S.S1, POW 13.10.51

Pte. FREEMAN G.A. — WDD S.S.S1

Pte. FRITCHLEY D. — MSG 5.5.51, POW 13.10.51

Pte. FULGONI A.H. — MSG 3.5.51, POW 6 10.51

Pte. FURMINGER S. — MSG 4.5.51

Pte.	FURR G.H.R.	MSG 3.5.51 POW 13.10.51
Pte.	GADD N.A. or "NAF"	MSG S.S.S1 POW 13 10 51
2/Lt.	GAEL E.S.	MSG 2.5.51
W02	GALLAGHER H.	MSG 2.5.51 CSM POW 13.10.51
Pte.	GALLOP B.G.	MSG 2.5.51
Pte.	GARDINER D.A.	MSG S.S.S1 POW 6.10.51
Pte.	GARDINER R. or "Gardner"	MSG 23.5.51 POW 13.10.51
Pte.	GARDNER R.	MSG 3.5.51
Pte.	GARDNER T.W.	MSG 3.5.51
L/Cpl.	GARVEY G.W. or "Glarvey"	MSG 3.5.51 POW 13.10.51
Pte.	GATES S.	WDD 3.3.51
L/Cpl.	GAULT A.	MSG 3.5.51 POW 13.10.51
Pte.	GAZZARD J.	MSG S.S.S1 POW 13.10.$1
Pte.	GEE A.	MSG 5.5.51 POW 29.9.51
Pte.	GENTRY S. (Glosters attd. Leics)	WDD 1.12.51
Pte.	GILDING R.A.	MSG 3.5.51 now KIA 4.7.53
Pte.	GISBORNE L.E.	MSG 3.5.51 POW 13.10.51
Pte.	GLINWOOD M.	WDD 3.3.51
Pte.	GODBOLD J.	MSG S.S.S1 POW 13.10.51
Pte.	GODDARD W.	MSG 4.5.51
Pte.	GODDEN M. or "N"	MSG 3.5.51 POW 13.10.51
Pte.	GODDEN P.	MSG 4.5.51 POW 6.10.51
Pte.	GODWIN K.	MSG 4.5.51
L/Cpl.	GOLDSMITH G. or "GL"	MSG 3.5.51 POW 13.10.51
Pte.	GOLDSMITH W.	WDD 3.3.51

Pte.	GORDGE G.D. (Wilts attd. Glosters)	WDD 2.5.51
Pte.	GRANT A.W.	MSG S.S.S1
Pte.	GRAY C.G.	MSG 3.5.51 POW 29 10 51
L/Cpl.	GRAY D.G.A. or Cpl.	MSG 3.5.51 POW 29.10.51
Pte.	GRAY R.	MSG S.S.S1
Pte.	GRAY W.	MSG 4.5.51 POW 6.10.51
Pte.	GREEN D.J.	MSG 4.5.51 POW 29.9.51
L/Cpl.	GREEN E.	MSG 3.5.51
Pte.	GREEN G. or "GE"	MSG 26.5.51 POW 13.10.51
Pte.	GREEN H.	MSG 5.5.51 now KIA 10.11.51
Cpl.	GREEN J. or "JT"	MSG 4.5.51 POW 24.11.51
Pte.	GREEN J. or "JW"	MSG 5.5.51 POW 13.10.51
Pte.	GREEN R. or "RE"	MSG 4.5.51 POW 13.10.S1
Cpl.	GREENAWAY W.	MSG 4.5.51 POW 29.10.51 Released 20.4.53 Times 21.4.53
Cpl.	GRIFFIN D. (MM)	WDD 3.3.51 MSG 4.5.51 POW 13.10.51
Pte.	GRIMES R.	MSG 5.5.51 POW 13.10.51
L/Cpl.	GRINSTEAD F.A.	MSG 3.5.51 POW 13.10.51
Pte.	GRIST A.C.	MSG S.S.S1 POW 29.9.51
Pte.	GROSVENOK J.W.H. or "Grosvenor"	MSG 3.5.51 POW 18.10.51
Pte.	GUDGE K.	MSG 4.5.51
Pte.	GUILDFORD M.G. (Wilts attd. Glosters)	WDD 2.5.51
Pte.	GUNN W.G.	MSG 3.5.51 POW 29.9.51

2/Lt.	HAGGERTY J.A.	WDD 28.4.51 MSG 2.5.51 POW 6.10.51
Pte.	HAINES D.	MSG S.S.S1 POW 6.10.51
Sgt.	HALE J.	MSG 4.5.51
Pte.	HALL C.	MSG S.S.S1
Sgt.	HALL J.	WDD 4.5.51
Pte.	HALL R.C.	MSG 5.5.51 POW 29.9.51
Pte.	HALL S.	MSG 4.5.51 POW 13.10.51
Pte.	HALPIN R.	MSG 5.5.51 POW 29.10.51
Pte.	HAMBLETT B.	MSG 4.5.51 POW 29.9.51
Pte.	HAMMOND E.J.	MSG 4.5.51 POW 13.10.51
Pte.	HAMSON D.R.	WDD 2.5.51 KIA 30.6.51
Major	HARDING E.D.	MSG 2.5.51 POW 6.10.51
Pte.	HARDING W.	MSG 3.5.51 POW 8.12.51
Pte.	HARDY A. or "AC"	MSG 4.5.51 POW 6.10.51
A/Sgt.	HARFIELD W.	WDD 3.3.51
Pte.	HARRIS E.	MSG 4.5.51
Pte.	HARRIS G or "GH"	MSG 5 5 51 POW 10.11.51
Pte.	HARRIS J.	WDD 9.6.51
Pte.	HARRIS J.L. (Wilts attd. Glosters) "Pte. J.L.S. Harris"	WDD 2.5.51 POW 13.10.51
Pte.	HARRIS J.S.	WDD 3.3.51
Pte.	HARRISON E.E.	MSG 5.5.51
Pte.	HART E.A.	MSG 3.5.51 POW 22.12.51
L/Cpl.	HARTIGAN J.A.	MSG 4.5.51

Pte.	HARTLAND E.	MSG S.S.S1 POW 13.10.51 Released 21.4.53 Times 22.4.53
L/Cpl.	HASKELL R.S.F.	MSG 3.5.51
Pte.	HASTE C.	WDD 3.3.51
Cpl.	HATWELL A.	MSG 4.5.51
Pte.	HAWKER T.	MSG 3.5.51
Pte.	HAWKER W. or "WJ"	MSG 26.5.51 now KIA 16.8.52
L/Cpl.	HAWKESWORTH H. or "WH"	WDD 10.3.51 MSG 5.5.51 POW 13.10.51
Pte.	HAWKINS A.	MSG 4.5.51 POW released 21.4.51 Times 22.4.51
Pte.	HAWKINS H.	MSG 4.5.51 POW 29.10.51
Pte.	HEAD J.P.	WDD 3.3.51
Pte.	HEADLAND R.	MSG 4.5.51 POW 6.10.51
Pte.	HEARMON S.A.	MSG 3.5.51 POW 13.10.51
Pte.	HEATHCOTE G.	WDD 6.10.51
Pte.	HELP W. (Glosters attd. Leics)	WDD 17.11.51
Pte.	HENSON L.	MSG 3.5.51 POW 6.10.51
Lt.	HERBERT G.P. (Buffs attd. Glosters)	WDD 3.3.51
Cpln	HERRALL A.	KIA 3.3.51
Pte.	HEWARD J.D. (RUR attd. Glosters)	DOW 10.3.51
Pte.	HEWITT F.D.	WDD 28.4.51
Pte.	HIBBITT G.	MSG 3.5.51 POW 6.10.51
Sgt.	HILL B.	MSG 4.5.51
Pte.	HILL B.H.	MSG 3.5.51
Pte.	HILL G.	WDD 3.3.51
Pte.	HILL S.D.	MSG5.5.51

Pte.	HILTON F.	MSG 3.5.51 POW 13.10.51	Pte.	JEFFERIES J.T. or "J"	MSG 3.5.51 POW 6.10.51
Cpl.	HIRST R. or "Hurst"	MSG 4.5.51 POW 29.10.51	Sgt.	JENKINS E.	MSG 4.5.51
			Cpl.	JENNER D.	MSG 3.5.51 POW 29.9.51
Pte.	HOBBS E.F.	WDD 2.5.51			
WO1	HOBBS E.J.	MSG 2.5.51 RSM POW 13.10.51	Pte.	JENNERY P.	MSG S.S.S1 POW 13.10.51
Pte.	HICKLEY D.C.	WDD 28.4.51	Pte.	JINKS E.	MSG 4.5.51 POW 13.10.51
Cpl.	HOLDHAIN A. or "AS"	MSG 3.5.51 POW 24.11.51	Pte.	JOHNSON J. or "JR"	MSG 5.5.51 POW 13.10.51
Pte.	HOLE D.	MSG 5.5.51 POW 13.1U.51	Pte.	JOHNSON W. L/Cpl. W.M. ?	MSG 4.S.51 POW 6.10.51 ?
Pte.	HOLLEBONE D. or "PL"	MSG 4.5.51 POW 13.10.51	L/Cpl.	JOHNSTON H.	MSG 4.5.51 POW 13.10.51
Pte.	HOLMES M.	MSG 5.S.51			
			Cpl.	JOLLY C.A. or "CH"	MSG 2.5.51 POW 6.10.51
Pte.	HONE P.	MSG 3.5.51			
Sgt.	HOPER P.J.	MSG 4.5.51	Pte.	JONES D. "Pte. D.G.E."	MSG 3.5.51 Previously MSG now KIA 21.7.51
Pte.	HOPKINS B.	WDD 28.4.51			
Pte.	HORSFALL R.	MSG 3.5.51 POW 24.11.51	Pte.	JONES H.	KIA 2.5.51
			Pte.	JONES J.W. or "J"	MSG 3.5.51 POW 13.10.51
Pte.	HOUGHTON F.S.	WDD 3.3.51			
L/Cpl.	HOUSE R.G.	POW 13.10.51 Not among MSG ??	Pte.	JONES L.	MSG 4.5.51 POW 13.10.51
Pte.	HUGHES R.W.	MSG 5.5.51 now KIA 4.7.53	Pte.	JONES R.	KIA 3.3.51
			Pte.	JONES P.	MSG 4.5.51 POW 10.11.51
Pte.	HUKINS R.	MSG 5.5.51			
Pte.	HUNTE A.E. or "Hunt" or "L/Cpl. A.E. Hunt"	MSG S.S.S1 POW 13.10.51 Released 20.4.53 Times	Pte.	JORDAN R.J.	MSG 3.5.51 POWI 13.10.51
			Pte.	JOYCE J.K.	MSG S.S.S1
Pte.	HUNTER G.	MSG 4.5.51			
			Pte.	JUDGE E.	KIA 2.5.51
Cpl.	HURST R. See "Cpl Hirst R."				
			Pte.	JUDKINS L.	MSG 4.5.51 POW 13.10.51
L/Cpl.	INNES G. (Glosters attd. Middlesex)	KIA 2.5.51			
			Cpl.	JUGGINS L.	MSG 25.8.51 POW 13.10.51
Pte.	JACKSON B.	MSG 5.5.51			
Sgt.	JACKSON H.	WDD 2.12.50	Pte.	KAYE D.G.	MSG 3.5.51 POW 29.9.51
Pte.	JAMES M.	MSG 4.5.51 POW 10.11.51	Pte.	KEAR W.	MSG 4.5.51 POW 22.12.51
Cpl.	JARMAIN D.	MSG 4.5.51 POW 13.10.51	Pte.	KEEFE J or "JB"	MSG 3.5.51 POW 29.9.51

Pte.	KELLY T.J.	KIA 3.3.51
Pte.	KENDALL D.	MSG 4.5.51 POW 13.10.51
Cpl.	KENNY ? L.A.	WDD 2.5.51
Pte.	KING W.	MSG 4.5.51
Pte.	KING W.W.	MSG 3.5.51
Pte.	KINGDON L.A. (Glosters attd. Leics)	WDD 17.11.51
Pte.	KNOWLES R.F.	MSG 3.5.51 POW 29.9.51
Pte.	KNIGHT R.	MSG 4.5.51 POW 13.10.51
Pte.	KNIGHT T.	MSG S.S.S1 POW 13.10.51
Cpl.	LACEY F.	WDD 3.3.51
Pte.	LAING I.J.	WDD 3.3.51
Pte.	LAING J.	MSG 2.5.51
Pte.	LAMBERT A.	MSG 5.5.51 POW 13.10.51
Pte.	LAMBERT A.E.	WDD 2.5.51
Pte.	LARGE D.	MSG 5.5.51 POW 6.10.51 Released 21.4.53 Times 22.4.53
Pte.	LAW S.H.	KIA 6.1.51
L/Cpl.	LAWRENCE G.H.	KIA 2.12.50
Cpl.	LAWSON V. or "VS"	MSG 4.5.51 POW 13.10.51
Pte.	LEA S.	MSG 3.5.51 POW 13.10.51
Pte.	LEACH M.	MSG 3.5.51
L/Cpl.	LEALEAND W.W.	WDD 2.5.51 now reported MSG not WDD ?? POW 10.11.51
Sgt.	LEATHEM J.	MSG 12.5.51
Pte.	LEE G.L.S.	MSG 3.5.51
L/Cpl.	LEE J.W.	MSG 4.5.51 POW 29.9.51
Cpl.	LEE R.	MSG 4.5.51 POW 10.11.51
Pte.	LEE R.A.	MSG 5.5.51 POW 13.10.51
Pte.	LENDRUM D.	MSG 5.5.51 POW 13.10.51
Pte.	LIDSTONE D.R.	WDD 3.3.51
Capt.	LITTLEWOOD T.R.	MSG 2.5.51 POW 6.10.51
Pte.	LOADER R.	MSG 4.5.51 POW 10.11.51
Pte.	LONGLEY E.	WDD 2.5.51
Pte.	LORD J.A.	MSG 3.5.51 POW 6.10.51
Pte.	LUCAS D.	MSG 5.5.51 POW 6.10.51
Pte.	LUCAS E.W. "E"	MSG 3.5.51 POW 29.9.51
Pte.	LUCAS P.W. or "P.W.D."	MSG 3.5.51 POW 6.10.51
Sgt.	LUCAS W.	MSG 3.5.51 POW 10.11.51 Released 21.4.53 Times 22.4.53
Pte.	LUCKETT J.S.	MSG 3.5.51
Capt.	LUTYENS-HUPHREY GD or "G.D.E."	MSG 2.5.51 POW 6.10.51
Pte.	LYNCH D.E.	WDD 2.5.51
Pte.	LYNN R. (Glosters attd. Welch)	WDD 17.5.52
Pte.	MADGWICK E.C.	MSG 3.5.51
L/Cpl.	MAHON J.C.	MSG 5.5.51 POW 13.10.51
Pte.	MAIRS H.M. or "L/Cpl" Maires"	MSG 12.5.51 POW 13.10.51
Pte.	MALLERY L.	MSG 4.5.51 POW 13 10 51
Pte.	MANGAN J .P.	WDD 3.3.51
Cpl.	MANLEY L.A.	MSG 4.5.51 POW 13.10.51 Released 20.4.53 Ti mes 21.4.53
Pte.	MASFIELD D.E.	MSG 4.5.51 POW 29.10.51

Pte.	MARCHANT P.C. or "P.C.M"	MSG 3.5.51 POW 13.10.51
Pte.	MARSH A.	MSG 4.5.51
Pte.	MARSH R F	WDD 28 4 51
Pte.	MARKS D.	MSG 4.5.51
Pte.	MASKELL P. or "P.H"	MSG S.S.S1 POW 29.9.51
Pte.	MASON H. or "HC"	MSG 4.5.51 POW 6.10.51
Cpl.	MASTERS R.Y.	MSG S.S.S1
Pte.	MAXIM S.G.	MSG 5.5.51 POW 6.10.51
Pte.	MAXWELL D.	MSG 5.5.51
2/Lt.	MAYCOCK J.M.	KIA 2.5.51
Cpl.	MAYCOCK P.J.	KIA 2.5.51
Pte.	MAYNARD H.	MSG 3.5.51 POW 13.10.51
L/Cpl.	McARDALE J.	WDD 28.4.51
Pte.	McCABE G.	WDD 6.1.51
Pte.	McINTYRE H.	MSG 3.5.51 POW 13.10.51
Pte.	McKAY W.	MSG 4.5.51 POW 29.10.51
Pte.	McLEAN J.S.	MSG 5.5.51 POW 13.10.51
Cpl.	McMULLEN S.	WDD 3.3.51
Pte.	MEADS T.	MSG 5.5.51 now MSG Believed Kill ed 2.3.53 now KIA 18.3.53
Pte.	MERCER S.A.	MSG S.S.S1 POW 12.7.52 "S" Captured 20.4.51 Relsd 26.4.53
Pte.	MEREDITH A	WDD 3.3.51 MSG 3.5.51
L/Cpl.	MEW D.D.	MSG 3.5.51 POW 10.11.51
Pte.	MIDDLETON R.L.	MSG 5.5.51
Pte.	MILLS R.W.	MSG S.S.S1 POW 13.10.51
L/Cpl.	MILLS V.G.	MSG 3.5.51 POW 13.10.51
Pte.	MINNS A.	MSG 3.5.51 POW 10.11.51
Pte.	MITCHELL A.	MSG 5.5.51
Pte.	MOORE P.	MSG 3.5.51 POW 6.10.51
Pte.	MORELY J.	KIA 2.5.51
Pte.	MORRIS D.	MSG 3.5.51 KIA 7.7.51
Pte.	MORPISS E.C.	MSG 4.5.51 now KIA 4.7.53
L/Cpl.	MORRIS J.A.	WDD 2.12.50
Capt.	MORRIS W.L.D.	KIA 2.5.51 now POW 6.10.51?
Pte.	MORTIMER J.E. (Dorsets attd. Glosters)	WDD 28.4.51
W02	MORTON A.E.	MSG 2.5.51 POW 29.9.51
Pte.	MOUNTER N.J.	MSG 5.5.51 POW 29.10.51
Pte.	MOYES J.	MSG S.S.S1
Sgt.	MURPHY 8.	MSG 4.5.51
Pte.	MURPHY N.	MSG 5.5.51
Pte.	MURTON F.	MSG 4.5.51
Pte.	MYATT C. (Glosters attd. Middlesex)	WDD 2.5.51
Pte.	NASH E. or "EA" also an "FA"	MSG 4.5.51 POW 13.10.51
Pte.	NASH F.A.	MSG 5.5.51 POW 10.11.51
Pte.	NASH R.	MSG 4.5.51
Pte.	NEATH J.	MSG 4.5.51 POW 13.10.51
L/Cpl.	NEWARK T. or "TS"	MSG 5.5.51 POW 29.9.51
L/Cpl.	NEWBY K.	MSG 4 5 51 POW 13.10.51
Pte.	NEWHOUSE G.	MSG 5.5.51

Pte.	NICHOLLS C.W.	MSG 5.5.51 POW 6.10.51
Cpl.	NORLEY R.G.	KIA 2.5.51 now POW 22.10.51
Pte.	NOONAN C.	WDD 3.3.51
Lt.	NORRISH A.R.	WDD 21.4.51
Sgt.	NORTHEY D.	MSG 4.5.51 was KIA 29.10.51
Pte.	NUGENT T. or "TP"	MSG 4.5.51 POW 6.10.51
L/Cpl.	ORR W. or "WJ"	MSG 5.5.51 POW 13.10.51
Pte.	OSBOURNE W.	MSG 5.5.51 POW 29.9.51
Pte.	OTHEN R.T.	MSG 3.5.51
Pte.	PACK C.	WDD 5.5.51
Pte.	PALFREY W.	MSG 5.5.51
Pte.	PALMER D. or "DW"	MSG 5.5.51 POW 13.10.51
CQMS	PANTING R.	MSG 2.5.51 POW 29.10.51
Pte.	PARFITT A.H.	MSG 4.5.51 POW 29.10.51
Pte.	PARTRIDGE E.W.	MSG 3.5.51
Pte.	PATRICK W.A. or L/Cpl.	MSG 3.5.51 POW 6.10.51
Pte.	PATTERSON P.	MSG 3.5.51 POW 13.10.51
Pte.	PAYNE D.W.	MSG 3.5.51 POW 13.10.51
Pte.	PAYNE L.C.	MSG 5.5.51 POW 10.11.51 Died as POW 20.6.53
Pte.	PAYTON T.	WDD 3.3.51
2/Lt.	PEAL A.	MSG 2.5.51 POW 6.10.51
Pte.	PEARCE (No initial)	MSG 3.5.51
Pte.	PEARSON F.E.	MSG 3.5.51 POW 6.10.51
Pte.	PEARSON R.J.	MSG 5.5.51 POW 6.10.51
Sgt.	PEGLER H.J.	MSG 2.5.51 POW 24.11.51
Pte.	PEMBERTON H.G.	MSG 5.5.51
Pte.	PENDLE M.	MSG 3.5.51 POW 29.9.51
Pte.	PENNOCK D.	MSG 21.7.51 POW 10.11.51
Pte.	PENROSE M.	MSG 4.5.51
Cpl.	PERKINS A.H.	MSG 12.5.51 POW 13.10.51
Pte.	PERKINS H. or "L/Cpl"	MSG 4.5.51 POW 13.10.51
Pte.	PERKINS H.	MSG 3.5.51 POW 8.12.51
Pte.	PERKS L.H.	MSG S.S.S1 POW 13.10.51
Pte.	PERRYMAN F.	MSG 4.5.51 Pow 13.10.51
Sgt.	PETHRICK P.	MSG S.S.S1
Pte.	PETTITT R.G.	MSG 3.5.51 POW 13.10.51
Pte.	PHILLIPS B.	MSG 5.5.51
Capt.	PIKE H.J.	MSG 2.5.51 POW 17.11.51
Pte.	PILDITCH V. or "VG"	MSG 5.5.51 POW 13.10.51
Cpl.	PINCHIN W.G.	WDD 3.3.51
Pte.	PINK T.A. or "TAG"	MSG 3.5.51 POW 6.10.51
Pte.	PIPET F.P. (Glosters attd. Welch)	WDD 31.12.51
Pte.	POORE S.G.	WDD 3.3.51
Cpl.	POSSEE W.D.	MSG 3.5.51 KIA 7.7.51
Pte.	POTTER J.	MSG S.S.S1 POW 13.10.51
Pte.	POULTON J.	MSG 4.5.51
Pte.	POULTON K.J.	WDD 3.3.51
Pte.	POVEY S.G. or "SC"	MSG 3.5.51 POW 13.10.51
Cpl.	POWELL A.J.	MSG 2.5.51

Pte.	POWELL H.	MSG 3.5.51 POW 29.9.51
Pte.	PREECE A.D. or "A"	MSG 4.5.51 POW 13.10.51
Pte.	PREECE A.E.	WDD 3.3.51
Sgt.	PREECE R. or "RW"	WDD 3.3.51 WDD 13.10.51
L/Cpl.	PRESSLEY E.D. or "E"	MSG 5.5.51 POW 6.10.51
2/Lt.	PRESTON A.C.N.	WDD 3.3.51 MSG 2.5.51 POW 6.10.51
Pte.	PRICE F.J.	MSG 3.5.51 POW 13.10.51
Pte.	PRICE G.R.	MSG 5.5.51 POW 13 10 51
Pte.	PRINCE K.C.M.	MSG 4.5.51 POW 13.10.51
Sgt.	PUGH P.J.	MSG 5.5.51
Pte.	PYE J.	MSG 5.5.51 POW 29.10.51
Pte.	QUIGLEY P.	WDD 13.10.51
Pte.	QUINTON G.W.	WDD 3.3.51
Pte.	RAMSELL W.	MSG 3.5.51 POW 13.10.51
Pte.	RATCLIFFE E.	MSG 4.5.51
Pte.	RAYNER C.V. or "C"	MSG 3.5.51 POW 29.9.51
Pte.	READ J.T. or "ST"	MSG 3.5.51 POW 6.10.51 Released 21.4.53
Pte.	REARDON D. or "DE"	MSG 5.5.S1 POW 13.10.51
Pte.	REEVES R.	MSG 3.5.51 P0W 6.10.51
Capt.	REEVE-TUCKER R.A. St. M.	KIA 2.5.51
Pte.	REILLY R.W. "W"	MSG 3.5.51 POW 13.10.51
Pte.	REMNANT T. or "H"	MSG 3.5 51 POW 13.10.51
Pte.	REYNOLDS D.A.	MSG 3.5.51 POW 6.10.51

Pte.	REYNOLDS L.	WDD 2.5.51
Pte.	REYNOLDS W.	MSG 4.5.51
Pte.	RICH R. or "RJ"	MSG 4.5.51 POW 13.10.51
Pte.	RICHARDS D.	MSG 4.5.51
Pte.	RICHARDS F.L. or "Richard"	MSG 5.5.51 POW 6.10.51
Pte.	RICHARDS J. (Glosters attd. Welch)	KIA 12.1.51
L/Cpl.	RICHES J.W.	MSG 4.5.51 POW 24.11.51
C/Sgt.	RIDLINGTON J. or CSM GH	MSG 2.5.51 POW 13.10.51
Pte.	RILEY W. See Reilly R.W.	
Pte.	ROBERTS G. or "GF"	MSG 4.5.51 POW 13.10.51
Pte.	ROBERTS L. or "LJ"	MSG 5.5.51 POW 6.10.51
Cpl.	ROBERTS N.	MSG 25.8.51 POW 13.10.51
Pte.	ROBERTS W.	MSG 5.5.51
L/Cpl.	ROBERT5ON J.S.	WDD 3.3.51
Pte.	ROBINS B.N. (Devons attd. Glosters)	WDD 2.5.51 DOW 12.5.51
Cpl.	ROSINSON S. as Sgt.	WDO 10.3.S1 also MSG 5.5.51 Captured 26.4.51 Released 26.4.53
Pte.	ROBSON J. or "JAW"	MSG 5.5.51 POW 13.10.51
L/Cpl.	ROGERS E. or "EG"	MSG 4.5.51 POW 13.10.51
Pte.	ROGERS R.A. POW 10.11.51	MSG 5.5.51
Cpl.	ROOTS T.J.	MSG 5.5.51
Pte.	ROSE E. or "ES"	MSG 4.5.51 POW 13.10.51
Pte.	RO5E E.R.	MSt S.5.S1 POW 6.10.51
Pte.	ROSS F.	MSG 4.5.51 POW 13.10.51
L/Cpl.	RUSSELL W J	WDD 28 4 51

Pte.	SAINSBURY S.	MSG 5.5.51 POW 13.10.51
Sgt.	SALLABANK D.W. (Devons attd. Glosters)	MSG 2.5.51
Pte.	SAVAGE A.	MSG 4.5.51 POW 24.11.51
Pte.	SAVERY D.A.	MSG 3.5.51 POW 13.10.51
Pte.	SAWYER M.R.	MSG 3.5.51 POW 13.10.51
L/Cpl.	SAYLE J.B.	WDD 2.12.50
Pte.	SEARLE R. or "RM"	MSG 4.5.51 POW 13.10.51
Pte.	SEMMENS C.D.	MSG 3.5.51 POW 13.10.51
Pte.	SEPHENS G. or "GW Stephens"	MSG 4.5.51 POW 13 10 51
Pte.	SEXTON R.W.	WDD 2.12.50
L/Cpl.	SEYMOUR S.	MSG 5.5.51 POW 6.10.51
Pte.	SEYMOUR W.A.	MSG 3.5.51
L/Cpl.	SHARPLING H. or "HC"	MSG 3.5.51 POW 13.10.51
Pte.	SHELDON R. or "FG"	MSG 4.5.51 POW 6 10 51
Pte.	SHELDRAKE J. or "SE"	MSG 4.5.51 POW 13.10.51
Pte.	SHELTON F. "FG"	MSG 5.5.51 POW 6.10.51
Pte.	SHEPPARD A.J.	MSG 5.5.51 KIA 30.6.51
Pte.	SHETCLIFFE T. or "TH"	MSG 5.5.51 POW 13.10.51
Pte.	SHIERS J.R.	WDD 2.5.51
Cpl.	SHORT J.	MSG 5.5.51
Lt.	SIMCOX D.A. (Beds & Herts Attd. Glosters)	KIA 3.3.51
Pte.	SIMPSON F. or "FG"	MSG 4.5.51 POW 29.10.51
Pte.	SINCLAIR C. or "B"	MSG 5.5.51 POW 13.10.51
Pte.	SINNOTT N.G. (Devons attd. Glosters)	WDD 2.5.51
Pte.	SKOINES J.D.	MSG 3.5.51
Pte.	SLADEN R.	MSG 5.5.51 POW 29.9.51
Pte.	SLOCOMBE W.J. (Wilts attd. Glosters)	WDD 2.5.51
Cpl.	SMITH 3. or "BM"	MSG 4.5.51 POW 29.10.51
Pte.	SMITH C.M.	MSG 4.5.51 POW 10.11.51
Pte.	SMITH F.	MSG 5.5.51 POW 29.9.51
Pte.	SMITH K.J.	MSG 5.5.51 POW 1 0.1 1.5 1
Pte.	SMITH M.	MSG 5.5.51
Pte.	SMITH N.H.	POW 13.10.51 not amongst MSG
Pte.	SMITH O.W.	MSG 3.5.51 "O" reported not MSG 19 5 51
Pte.	SMITH S.	MSG 4.5.51 POW 13.10.51
Pte.	SMITH V. or "VJ"	MSG 4.5.51 POW 10.11.51
Cpl.	SMITH W.H.	MSG 3.5.51 POW 13.10.51
Pte.	SMITH W.R.	MSG 5.5.51 POW 6.10.51
Sgt.	SMYTH W.J.	WDD 3.3.51 MSG 3.5.51
Pte.	SPILSBURY A.E.	MSG 3.5.51 POW 6.10.51
L/Cpl.	SPUFFARD G.	KIA 3.3.51
Pte.	STANBRIDGE E.L.	WDD 3.3.51
Pte.	STANBURY I.	MSG 4.5.51 POW 10.11.51
Pte.	STANFORD A.	WDD 2.12.50
Pte.	STAPLETON F.W. "W"	MSG 4.5.51 POW 13.10.51
Pte.	STEER F.P.	MSG 3.5.51 POW 6.10.51

Pte.	STEPHENS G.W. see Sephens G.	
Pte.	STOCKTING D. or "DC"	MSG 4.5.51 POW 6.10.51
Pte.	STONE R.F.	MSG 5.5.51
Pte.	STONE S.W.-	WDD 2.5.51
Pte.	STONEMAN C or "CW"	MSG 4.5.51 POW 13.10.51
Pte.	STREET W.	MSG 4.5.51 POW 6.12.52
L/Cpl.	SWALTON L.F.	WDD 2.5.51
L/Cpl.	SWANCOTT W.G.	MSG 4.5.51 POW 13.10.51 Released 21.4.53 Times 22.4.53
Pte.	SWETTON H.J. "H. Swatton"	MSG 5.5.51 POW 13.10.51
Pte.	SYKES A.	MSG 4.5.51
Pte.	SYNNOTT W.	MSG 5.5.51 now KIA 13.6.53
L/Cpl.	TAYLOR no initial	MSG 5.5.51
Pte.	TAYLOR A.H.	WDD 2.5.51
Pte.	TAYLOR A.R.	MSG 5.5.51 POW 13.10.51
L/Cpl.	TAYLOR D.M.	KIA 2.5.51
Pte.	TAYLOR L.D.	WDD 3.3.51
Pte.	TAYLOR R.C.	MSG 5.5.51 POW 6.10.51
Pte.	TEARE R.	WDD 23.12.50
Lt.	TEMPLE G.F.B.	MSG 2.5.51
Pte.	TEW H.	MSG 4.5.51 POW 13.10.51
Cpl.	THOMAS G. or "GS"	MSG 5.5.51 POW 13.10.51
Pte.	THOMAS M.J.	MSG 5.5.51 POW 13.10.51
Pte.	THOMAS P.	MSG 5.5.51 POW 13.10.51
Pte.	THOMAS R.H.	MSG 5.5.51
Pte.	THORLING A.	MSG 4.5.51
Pte.	TICKNER J.R.	WDD 28.4.51

Pte.	TIDESWELL A.E. or "EA"	MSG 5.5.51 POW 6.10.51
Pte.	TIDESWELL E.A.	WDD 10.3.51 POW 6.10.51
Pte.	TOMLINSON D.	MSG 3.5.51
Pte.	TOZER P. or "PR"	MSG 4.5.51 POW 13.10.51
Pte.	TREMLETT A.	MSG 4.5.51
Cpl.	TRUAN S.H. or "SR"	MSG 3.5.51 POW 6.10.51
Pte.	TRUDE A. or "AW"	MSG 3.5.51 POW 6.10.51
Pte.	TIGKER G.	MSG 4.5.51 POW 13.10.51
Pte.	TUDOR D.	MSG 5.5.51 POW 13.10.51
Sgt.	TUGGEY M.H.	MSG 5.5.51
Pte.	TULL G. or "GF"	MSG 4.5.51 POW 13.10.51
Pte.	TURLEY R. or "RB"	MSG 5.5.51 POW 29.10.51
Pte.	TURNER W.	MSG 4.5.51 POW 13.10.51
Pte.	TYLER J. or "JWL"	MSG 3.5.51 POW 29.9.51
Pte.	TYLER W.G.	KIA 3.3.51
Pte.	TYRRELL L.	MSG 5.5.51 POW 13.10.51
Pte.	UNDERDOWN H.P.	WDD 3.3.51
Pte.	UPDERDOWN H.	MSG 4.5.51
Cpl.	UPJOHN F.	MSG 4.5.51 POW 10.11.51
Pte.	UTTLEY H.	WDD 3.3.51 WDD 5.5.51 DOW 12.5.51
Pte.	VARNEY J.	MSG 4.5.51
Cpl.	VAUGHAN J.O. or "J"	MSG 4.5.51 POW 29 9 51
Pte.	VINEY E.	MSG 4.5.51
Pte.	VOSPER J. (Wilts attd. Glosters)	WDD 2.5.51

Pte.	VOSPER R.	KIA 3.5.51
Pte.	WADE P.	MSG 4.5.51 POW 13.10.51
Pte.	WAGG B.L.	MSG 4.5.51 POW 6.10.51
Pte.	WAITE J.F.	WDD 3.3.51
L/Cpl.	WALKER B.	WDD 3.5.51
Pte.	WALKER D. "DMR"	MSG 4.5.S1 POW 22.9.51
L/Cpl.	WALKER H.	MSG 4.5.51 POW 13.10.51
Cpl.	WALTERS K	MSG 3.5 51
Major	WALWYN C.E.B. (DSO)	WDD 3.3.51
Pte.	WARD A. or "AA"	MSG 4.5.51 POW 13.10.51
Pte.	WARD J.	MSG 5.5.51 POW 6.10.51
Pte.	WARD N.	MSG 4.5.51 POW 29.9.51
Lt.	WARE P.J.W.	WDD 10.3.51
Pte.	WARREN C.C.	MSG 5.5.51 POW 6.10.51
Cpl.	WARREN G. or "GA"	MSG 4.5.51 POW 13.10.51
Pte.	WARRILOW T.	WDD 30.6.51
Pte.	WARRIOR R.M.	MSG S.S.S1 POW 24.11.51
Cpl.	WATERBRIDGE L.E.	WDD 2.5.51
2/Lt.	WATERS T.E. (West Yorks attd. Glosters)	MSG 2.5.51
Pte.	WATSON T.	MSG 5.5.51 POW 6.10.51
Pte.	WAYCOTT A.R.	MSG 4.5.51 POW 29.9.51
Lt.	WEAVER L.E.	WDD 2.12.50
Major	WELLER P.W.	MSG 2.5.51 POW 6.10.51
Cpl.	WELLINGTON R.	MSG 5.5.51
Ptee	WELLS F. or "FJ"	MSG 4.5.51 POW 13.10.51

L/Cpl.	WEST S.A.	MSG 3.5.51 POW 13.10.51
Cpl.	WESTWOOD W.K. or "W"	MSG 3.5.51 POW 13.10.51
Pte.	WHEATLEY R.H. or "R"	MSG 12.5.51 POW 6.10.51
Pte.	WHEELER H.	MSG 4.5.51
Pte.	WHITCHURCH B.	MSG 4.5.51 POW 13.10.51
Pte.	WHITE G.L.	MSG 4.5.51 POW 13.10.51
Pte.	WHITE H.	WDD 2.5.51
Pte.	WHITE R.L.	MSG 12.5.51 POW 29.9.51
Pte	WHITEHEAD A	MSG 4 5 51 POW 13.10.51
Pte.	WICKS A.	MSG 5.5.51 POW 6.10.51
Pte.	WIDSHE W.A.	MSG 5.5.51 POW 6.10.51
Pte.	WILLIAMS C.R.	MSG 4.5.51 POW 13.10.51
Pte.	WILLIAMS F.	KIA 3.3.51
Pte.	WILLIAMS J.H. or "JN"	MSG 5.5.51 POW 6.10.51
Pte.	WILLIAMS O.G.	MSG 5.5.51 POW 13.10.51
Capt.	WILSON A.M. or "AN"	MSG 2.5.51 POW 6.10.51
Pte.	WILSON J.	MSG 4.5.51 POW 29.10.51
Pte.	WING R.A.	MSG 5.5.51 POW 29.10.51
Pte.	WINTER D.	MSG 5.5.51
Pte.	WINTER P.G.	MSG 4.5.51
Pte.	WISEMAN J.E.	WDD 3.3.51 MSG 12.5.51 POW 6.10.51
Pte.	WOOD G. or "GJ"	MSG 5.5.51 POW 13.10.51
Pte.	WOOD J.W.	MSG 12.5.51

Pte.	WOODRWO F.S.	MSG 4.5.51 POW 13.10.51
L/Cpl.	WRIGHT W.	MSG 4.5.51 POW 13.10.51
Pte.	WYLIE J.R.	DOW 6.1.51
Pte.	YATES R.	WDD 3.3.51 MSG 5.5.51
Pte.	YOUNG R.	MSG 4.5.51 POW 13.10.51

THE EAST SURREY REGIMENT.

Cpl.	ASHLIN J.W. (Attd. Norfolks)	WDD 23.8.52
Pte.	BROWN G.C. (Attd. R. Fus)	WDD 16.5.53
Major	FAVELLE B.K. (Attd. Middx)	WDD 4.11.50

THE DUKE OF CORNWALL'S LIGHT INFANTRY

Lt.	CURTIS P.K.E. (Attd. Glosters)	KIA 2.5.51 Posthumous V.C.

THE DUKE OF WELLINGTON'S REGIMENT (WEST RIDING)

Battle Honours For The Korean War.

1) The Hook. (Date of Battle 28-19th May 1953)
2) Korea 1952-1953.

Pte.	ALSOP G.T.	WDD 13.6.53
Pte.	ARMSTRONG J.	WDD 13.6.53
Pte.	ARNELL H.	WDD 6.6.53
Pte.	BAILEY H.	WDD 6.6.53
Pte.	BAINES J.	WDD 13.6.53
Pte.	BAXTER R.	WDD 24.1.53
Cpl.	BEARD W.F.	WDD 6.6.53
Pte.	BECKETT J.S.	WDD 13.6.53
Pte.	BILLINGS G.O.	MSG 13.6.53
Pte.	BLACK I.N. (RUR attd. DWR)	MSG 13.6.53 now KIA 11.7.53
Pte.	BRADLEY D.	WDD 13.6.53
Pte.	BRAND D.	MSG 13.6.53
Pte.	BROWN A.	WDD 13.6.53
Pte.	BROWN T.	WDD 13.6.53
Pte.	BULLOCK O.W.	WDD 6.6.53
Pte.	BURGIN J.F.	WDD 13.6.53
L/Cpl.	BURKE P.J.	WDD 13.6.53
Pte.	BURTON R.	WDD 6.6.53
Pte.	CARDEN E.	WDD 13.6.53
L/Cpl.	CATCHPOLE B.	KIA 13.6.53
Pte.	CLARKE W.	MSG 13.6.53
L/Cpl.	COLE D.	WDD 13.6.53
Pte.	CONNELL F.M.J.	MSG 13.6.53
Pte.	CONNING T.	WDD 6.6.53
Pte.	CONNOR M.	KIA 13.6.53
Pte.	COTTRELL P.E.	WDD 13.6.53
Pte.	CRAWFORD J.	WDD 13.6.53
Pte.	DAYNES C.	MSG 13.6.53
Pte.	DIXON J.	WDD 13.6.53
Pte.	DOLAN J.	WDD 13.6.53
Pte.	DOUGLAS J.H.	KIA 6.6.53
Pte.	DUNCAN J.E.	WDD 6.6.53
L/Cpl.	DUNNE T.	MSG 13.6.53
Pte.	EARLES T.	WDD 13.6.53
Pte.	ELLISON T. (Green Howards attd. DWR)	WDD 13.6.53
Pte.	EYANS E.	WDD 13.6.53
Pte.	EVANS T.G.	MSG 13.6.53
Pte.	FARRAR K.	WDD 13.6.53
A/Sgt.	FLETCHER P.	WDD 13.6.53
Pte.	GIBBON J.W	WDD 13.6.53
Cpl.	GIBBON J.H.	WDD 13.6.53

Pte. GIBBON R. KIA 13.6.53
Gibson R. in *Iron Duke*

Capt. GLEN C.H. MSG 13.6.53

Pte. GRAY R. WDD 6.6.53

L/Cpl. GREATOREX A. WDD 25.4.53
(DWR attd. Black Watch)

Pte. GROVES D. MSG 13.6.53

Pte. GUNN T. WDD 13.6.53

2/Lt. GUTHRIE P.M. KIA 13.6.53

L/Cpl. HAIGH F. WDD 13.6.53

Pte. HANNANT R. WDD 13.6.53

Pte. HANSON D.A. WDD 17.11.51
(DWR attd. Leics)

Pte. HARHER K. WDD 6.6.53

Pte. HASTIE B. WDD 13.6.53

Pte. HAWTHORN J. DOW 13.6.53

Pte. HENSTOCK R. MSG 13.6.53

Pte. HEWSON D. WDD 6.6.53

Pte. HOLLAND J. KIA 6.6.53

Pte. HOLMES G. KIA 13.6.53

Pte. HOLROYD D. WDD 29.12.52

Pte. HOWSAM B.P. WDD 13.6.53

Cpl. JACKSON D.A. KIA 2.2.53

L/Cpl. JAGGER K. WDD 13.6.53

Pte. JARMAN J. MSG 13.6.53

Pte. JOHNSTONE G. WDD 13.6.53

Pte. JONES R.C.C.P. KIA 13.6.53

Pte. KELLY J. WDD 13.6.53

Pte. KELLY Y.P. MSG 13.6.53
or "RP" KIA 18.7.53

A/Cpl. KENEHAN D.F. KIA 13.6.53

A/Cpl. KENNEDY J. MSG 13.6.53

Major KERSHAW L.F. WDD 13.6.53

2/Lt. KIRK E.C. KIA 13.6.53

Pte. KIRKPATRICK R.M. DOW 10.1.53

L/Cpl. KNAPP D. WDD 6.6.53

Pte. LAVIGNE M. WDD 13.6.53

Pte. LEWRINGTON L. MSG 13.6.53

Pte. LOGHTOWLEQ D. WDD 13.6.53

Pte. LINDLEY G. WDD 6.6.53

L/Cpl. LINFOOT C. WDD 6.6.53

L/Cpl. LLEWELLYN J.T. WDD 13.6.53

Pte. LYNCH M.A. WDD 17.11.51
(DWR attd. Leics)

Pte. MARKS D.H. WDD 6.6.53

Pte. MARSHALL K. WDD 7.2.53

Pte. MARSON F.B. MSG 13.6.53

Pte. MASON P.J. KIA 13.6.53

A/Cpl. McCALLUM R. WDD 13.6.53

Pte. McMAHON G. MSG 13.6.53

Pte. METCALFE R. WDD 6.6.53

Pte. MIDDLETON J. WDD 13.6.53

Cpl. MILES K. WDD 6.6.53

A/Cpl. MOODY G. KIA 13.6.53

Pte. MOSLEY J. WDD 6.6.53

Pte. MOSS J. WDD 13.6.53

2/Lt. NEWTON J.M. WDD 2.2.53

Pte. NOBLE T. WDD 13.6.53

Pte OWSTON F WDD 13.6.53

Pte. OYSTON R. WDD 13.6.53

Pte. PARKER W. WDD 6.6.53

Pte. PATTON R. WDD 13.6.53

Pte. PHILLIPS R. WDD 24.1.53

Cpl. PICKERSGILL G. WDD 13.6.53

Pte. PINDER D. WDD 13.6.53

L/Cpl. PINKNEY J. MSG 13.6.53
KIA 11.7.53

Pte. PRINCE M. WDD 13.6.53

Lt. REDDINGTON M.J. WDD 17.1.53

Pte.	RICHARDSON G.	MSG 13.6.53
Pte.	ROBERSTON D.	WDD 13.6.53
Pte.	ROLLEY L.	KIA 13.6.53
Pte.	ROONEY V.	WDD 13.6.53
L/Cpl.	SCARPARTI J.	WDD 13.6.53
Pte.	SCHOFIELD E.	WDD 2.2.53
L/Cpl.	SHARP N.	DOW 13.6.53
Pte.	SHAW R.H.	WDD 6.6.53
Pte.	SILLIS W.H. (DWR attd. Black Watch)	WDD 25.4.53
Pte.	SIMPSON D.	WDD 13.6.53
Pte.	SKINGSLEY A.	KIA 13.6.53
Pte.	SKINNER E. (DWR attd. Leics)	MSG 8.12.51
Pte.	SMITH D.	MSG 13.6.53
Ptc.	SNOWDON K.	WDD 13.6.53
2/Lt.	STACPOOLE H.A.J.	WDD 13.6.53
Pte.	STALEY R.H.	WDD 6.6.53
Cpl.	STEPHENSON J.W.	WDD 13.6.53
Pte.	STRACHAN J.	DOW 13.6.53
Pte.	SWALES A.K.	WDD 17.1.53
Cpl.	TAYLOR D.	WDD 13.6.53
Cpl.	TAYLOR J.L.	WDO 6.6.53
Pte.	TAYLOR R.	WDD 13.6.53
A/Cpl.	THOMPSON J.H.	MSG 6.6.53
A/Cpl.	THURLOW J.N.	MSG 13.6.53
Pte.	TUCKER W.G.	WDD 13.6.53
Pte.	TURNER A.B.	WDD 13.6.53
Pte.	TURNER E.	KIA 13.6.53
Pte.	VENNING D.	WDD 13.6.53
Pte.	WEALLEANS J.H.M.	MSG 13.6.53
Pte.	WESTERN A.	WDD 6.6.53
Pte.	WESTON E.	WDD 6.6.53
Pte.	WHITE D.	WDD 13.6.53
Pte.	WILLIAMS D.J.	WDD 6.6.53
A/Cpl.	WILLIAMSON T.	KIA 13.6.53
Pte.	WILSON J.	WDD 13.6.53
Pte.	WINFINDALE J T.	WDD 13 6 53
Pte.	WRIGHT T.W.	MSG 13.6.53

THE BORDER REGIMENT.

2/Lt.	HODGKINS K.G. (Borders attd R.U R.)	WDD 13.10.51

THE ROYAL SUSSEX REGIMENT.

Pte.	GARMAN J.D. (Attd. KSLI)	WDD 9.6.51
L/Cpl.	GOOD R.D. (Attd. R. Fus)	WDD 20.12.52

THE ROYAL HAMPSHIRE REGIMENT

Lt.	ALLMAN D.G. (Attd. Glosters)	MSG 2.5.51 POW 6.10.51
Lt.	COSTELLO G.T. (Attd. Glosters)	MSG 2.5.51 POW 6.10.51

THE SOUTH STAFFORDSHIRE REGIMENT

Pte.	BAILEY P. (S.Staffs attd. Middx)	WDD 2.5.51
Pte.	RANNER G. (S.Staffs attd. Middx)	WDD 7.10.50
Lt.	BINGLEY R.A.J.	WDD 12.7.52
Pte.	CHURCH L. (S.Staffs attd. Middx)	WDD 2.5.51
Pte.	COOPER A. (S.Staffs attd. Middx)	WDD 30.9.50
Pte.	FRADLEY B. (S.Staffs attd Middx)	WDD 30.9.50 WDD 2.5.51
Pte.	HEATH W.A. (S.Staffs attd. Middx)	KIA 2.P1

Pte.	HINE J.J. (S.Staffs attd Middx)	WDD 3.3.51
Cpl.	LEYLAND R. (S.Staffs attd. Middx)	DOW 7.10.50
Pte.	LOWNDES H. (S.Staffs attd. Middx)	WDD 30.9.50
Pte.	O'CONNOR V. (S.Staffs attd. Middx)	WDD 21.10.50
Pte.	PALLITT J. (S.Staffs attd. Middx)	WDD 30.9.50
Pte.	SHARPE J.S. (S.Staffs attd. Middx)	KIA 7.10.50
Pte.	SLATER R.J. (S.Staffs attd. Middx)	WDD Z8.10.50
Pte.	YATES N.S. (S.Staffs attd. Middx)	WDD 23.12.50

—f—

THE DORSET REGIMENT.

Lt.	BLUNDEL A.F. or "Blundell" (Attd. Glosters)	MSG 2.5.51 POW 6.10.51
Lt.	MILNER J.A.C. (Attd. Argyles)	KIA 21.4.51
Pte.	MORTIMER J.E. (Attd. Glosters)	WDD 28.4.51

—f—

THE SOUTH LANCASHIRE REGIMENT.

(The Prince of Wales's Volunteers)

Lt.	MARSH H.J (Attd. R.U.R.)	MSG 2.5.51 POW 6.10.51

—f—

THE WELCH REGIMENT

Battle Honours For The Korean War

1) Korea 1951-1952.

Pte.	AHERN H.A.	KIA 26.1.52
L/Cpl.	ALDRED S.	WDD 31.12.51
Pte.	BABBAGE M	WDD 1 3 52
Pte.	BAILEY R.F.	WDD 12.7.52
L/Cpl.	BEER P. (Glosters attd. Welch)	WDD 16.2.52
2/Lt.	BENTHAM A.R.	WDD 26.1.52
Pte.	BLUNN R.	WDD 12.7.52
Pte.	BOOTH P.	MSG 9.8.52 POW Released 20.4.53 Times 21.4.53
Pte.	BOWEN C.	WDD 22.3.52
2/Lt.	BOWLER J. as Lt. "JL"	WDD 1.3.51 WDD 24.5.52
Pte.	BRENTNALL F.J.	WDD 12.7.52
Pte.	BUCKLEY P.J.	WDD 22.3.52
2/Lt.	BURGESS S.C.J.	KIA 26.1.52
Pte	BURKE J J	KIA 12.1.52
Pte.	BURNS M.	WDD 23.8.52
Pte.	CAREY P.N.	WDD 21.7.52
Pte.	CHAPLIN L.R. (Glosters attd. Welch)	WDD 9.8.52
Pte.	CHARD B.	KIA 26.1.52
Pte.	CHURCHILL M.	WDD 9.8.52
Pte.	CLARKE R.	WDD 9.8.52
Pte.	COOK M.J.	WDD 17.5.52
Pte.	CORBEN C.	WDD 1.3.52
Pte.	CORCORAN J.R.	KIA 15.12.51
Pte.	COTTERILL A.G.	WDD 12.7.52
Pte.	COXE D.S.	WDD 24.5.52
Pte.	DANIELS W.D.	WDD 2.8.52
Pte.	DAVIES M.T.	WDD 31.12.51
Sgt.	DAVIES P.A.D.G.	WDD 12.7.52
Pte.	DENNIS A.	WDD 9.8.52
Pte.	DENT F.L.	WDD 28.6.52
Pte.	DEVLIN J.	WDD 1.3.52 WDD 24.5.S2
Pte.	DIXON J.F.	WDD 2.8.52
Pte.	DOMINY G.S.	WDD 21.7.52
Pte.	EDEY C.	WDD 1.3.52

Pte.	EDMUNDS J.	MSG 9.8.52	Pte.	HOLLIDAY G.J.	WDD 12.7.52
Pte	EDWARDS R.	KIA 22.8.52	Pte.	HORTON D.I.	KIA 5.7.52
Pte.	EVANS D.R.	WDD 12.7.52	Pte.	HOWELLS E.J.	WDD 12.7.52
Pte.	EVANS E.	WDD 5.7.52	Pte.	HOWELLS T.	WDD 5.7.52
Pte.	EVANS G.	WDD 24.5.52	Cpl.	IVIN D.	WDD 23.8.52
L/Cpl.	EVANS H.	WDD 12.1.52	Pte.	JENKINS R.	WDD 9.8.52
Pte.	FIELDER R.S.	WDD 9.8.52	Pte.	JONES G.J. (ACC attd. Welch)	WDD 22.12.51
Pte.	FINNEY H.	WDD 24.5.52	Pte.	JONES K.	WDD 16.2.52
Pte.	FOWLER A.	WDD 12.7.52	Pte.	JONES T.J.	WDD 12.1.52
Pte.	GIBBARD D.S.W.	WDD 12.7.52	Sgt	JONES T S	WDD 14.6.52
Pte.	GIBBS D.	WDD 22.12.51	Pte.	KENWAY K.W.	KIA 26.1.52
Pte.	GOODWIN R.V.	DOW 2.2.52	Cpl.	KOEGH M.J.	WDD 9.8.52
Pte.	GREARS S.	KIA 12.7.52	Pte.	KEYLOCK D.	WDD 24.5.52
Cpl.	GREAVES R.S.	KIA 1.3.52	Pte.	LANSDOWN W.	MSG 26.1.52 KIA 1.3.52
Pte.	GREEN R.W. (Kings Own attd. Welch)	WDD 12.1.51	Cpl.	LEAHY T.	WDD 12.7.52
Pte.	GRIFFITHS C.W.	WDD 1.12.51	Pte.	LEAR W.J.	WDD 9.8.52
L/Cpl.	GRIFFITHS D.	WDD 12.7.52	Pte.	LITTLE T.W.	WDD 31.12.51
Pte.	GRIFFITHS E.	WDD 14.6.52	Pte.	LYNCH P.	WDD 2.2.52
Pte.	HAMPTON J.E.	DOW 12.1.52	Pte.	LYNN R. (Glosters attd. Welch)	WDD 17.5.52
Cpl.	HANDS R.J.	KIA 21.7.52	L/Cpl.	MANLEY J.	WDD 31.12.51
Cpl.	HANNAM E.J.	WDD 9.8.52	Pte.	MATHIAS J.R.W.	DOW 9.8.52
L/Cpl.	HARRIS M.	WDD 16.2.52	L/Cpl.	McKEY H.F.	KIA 5.7.52
Pte.	HARRIS T.D.	KIA 21.7.5Z	Pte.	MEACHIN R.S.	WDD 12.7.52
Pte.	HARRIS T.V.	WDD 31.12.51	Cpl.	MEECH F.H.	KIA 12.7.52
Lt.	HART J.P. (Devons attd. Welch)	WDD 2.2.52	Lt.	MENNEL I.G.B.	WDD 12.7.52
Pte.	HATCHER R.P.	WDD 24.5.52	L/Cpl.	MILBURN R. (Kings Own Attd. Welch)	WDD 22.12.51
Pte.	HAWKINS J.B.	KIA 23.8.52	Pte.	MOORE W.P.	DOW 2.2.52
L/Cpl.	HEATH D.M.	WDD 12.7.52	Pte.	MORGAN B.L.	WDD 9.8.52
Pte.	HILL C.	WDD 14.6.52	Pte.	MORGAN P.A.	WDD 12.7.52
Cpl.	HILL H.C.	WDD 14.6.52	Pte.	MORGAN R.T.	WDD 5.1.52
Pte.	HILLMAN W.G.	KIA 23.8.52	Pte.	MORRIS H.W.	WDD 23.8.52
L/Cpl.	HINTON S.	WDD 19.1.52			

Cpl.	MORRIS S.L.	WDD 28.7.52
Cpl.	MURPHY P.	WDD 14.6.52
Pte.	NEWALL J.H.	WDD 24.5.52
Pte.	NEWLAND R.T.	WDD 14.6.52
Pte.	O'HARA J.	KIA 9.8.52
Cpl.	ORAM B.J.	KIA 5.1.52
Pte.	OWEN D.S.	WDD 5.7.52
Pte.	OWEN M.	WDD 23.8.52
Pte.	PIPET F.P. (Glosters attd. Welch)	WDD 31.12.51
Pte.	POOLE G.	WDD 1.3.52
Cpl.	POWELL D.	WDD 31.12.51
Pte.	PRATT R.	WDD 12.7.52
Cpl.	PROBERT T.	WDD 26.1.52
Pte.	RAINER F.J.	WDD 12.7.52
Pte.	RANDELL E.G.	WDD 12.7.52
Pte.	RICHARDS J. (Glosters attd. Welch)	KIA 12.1.52
Pte.	RIA9CRDS K C	WDO 2 8 52
Cpl.	RICHARDSON J.	KIA 17.5.52
L/Cpl.	ROBERTS C.	WDD 5.7.52
Cpl.	ROBERTS C.W.	WDD 5.1.52
Pte.	ROSE B.	WDD 21.7.52
Pte.	ROWE A.C.R.	KIA 21.7.52
Pte.	RUBERY G.E.W.	WDD 5.1.52
Pte.	SAMUEL D.E.	WDD 5.7.52
Pte.	SANDFORD E.E.	WDD 21.7.52
Pte.	SCOTT G.	WDD 31.12.51
Pte.	STALLARD B.	WDD 26.1.52
Pte.	STEVENS R.V.	WDD 17.5.52
Pte.	TALBOT P.A.	WDD 26.1.52
Capt.	TAVERNER R.C.	WDD 14.6.52
Pte.	THOMAS H.J.	WDD 5.7.52
Sgt.	THOMAS S.C.	WDD 2.2.52
Pte.	WALL B.	WDD 12.7.52
Capt.	WALLIKER J.E.	WDD 14.6.52
Pte.	WHATMOUGH J.	WDD 1.3.52
Sgt.	WHITE E.	WDD 1.3.52
Pte.	WHITING B.J.	WDD 23.8.52
Pte.	WILLIAMS E.I.	WDD 12.7.52
Pte.	WILLIAMS G.	WDD 5.7.52
Pte.	WILLIAMS J.S.	KIA 21.7.52
Pte.	WILLIAMS L.	KIA 23.8.52
Pte.	WILLICOMBE K.J.	MSG 30.8.52
Cpl.	WILSON J. (Kings Own Attd. Welch)	WDD 19.1.52

THE BLACK WATCH.
(ROYAL HIGHLAND REGIMENT.)

Battle Honours For The Korean War.

1) The Hook 1952 (Date of battle, 18-19 Nov 1951)
2) Korea 1952-1953.

Pte.	ADAMS J.	WDD 23.5.53
Pte.	ALLON E.C.	WDD 2.8.52
Pte.	ANGLUM R.	WDD 13.6.53
Pte.	ARMOUR R.	KIA 6.6.53
Cpl.	AUCKLAND B.	WDD 1.6.53
L/Cpl.	BARDEN M.E.	KIA 6.12.52
Pte.	BARTON E.	WDD 22.11.52
Pte.	BENNETT J.E.W.	WDD 23.8.52
Pte.	BIRRELL D.	WDD 6.12.52
Pte.	BLACK W.	KIA 22.11.52
L/Cpl.	BLACK D.D.	MSG 6.12.52 Bel. Killed now KIA 2.2.53
A/Cpl.	BLUCK A.	WDD 16.8.52
Cpl.	BRADLEY J.G.	WDD 23.5.53
Pte.	BRAID J.	DOW 2.8.52

Pte.	BRAND R.	MSG 6.12.52 now POW 21.3.53
A/Sgt.	BRECKONS W.	WDD 2.8.52
Pte.	BRIDGES J.S. (Black Watch attd. KOSB)	WDD 17.11.51
Cpl.	BUCHAN G.M.	WDD 13.12.52
L/Cpl.	BURNS H.L.	WDD 6.12.52
Pte.	CALDER D.	WDD 6.12.52
Pte.	CAMPBELL G.	WDD 22.11.52
Ptee	CAMPBELL R.L.	KIA 6.12.52
Cpl.	CAMPBELL T.S.	KIA 6.12.52
Pte.	CARDWELL D.R.	WDD 1.11.52
Pte.	CARLIN E.	WDD 6.12.52
Cpl.	CARRIAGE R.J.	WDD 9.5.53
Pte.	CASH A.	WDD 2.5.53
Ptc.	COLEY G.	DOW 6.12.52
Pte.	COLSTON A.	WDD 28.7.52
L/Cpl.	CORMACK J.C.	WDD 8.11.52
Pte.	COULSDON J.R.	WDD 6.12.52
Cpl.	COX A.	KIA 6.12.52
L/Cpl.	CRAIG G.	WDD 23.5.53
Pte.	CRAMB O.A.	WDD 6.12.52
Pte.	CUNNINGHAM P.	KIA 6.12.52
Pte.	DEAN L.J.	WDD 6.12.52
Pte.	DEANS C.	WDD 6.12.52
Pte.	DEANS R.	KIA 6.12.52
Pte.	DEENEY M.	WDD 23.5.53
Pte.	DELLOW P.J. Also Now MSG BEL.	WDD 17.11.52 MSG 6.12.52 P0W 29.12.52
Pte.	DEYENIE R.	KIA 13.6.53
Pte.	DICKSON G.	WDD 23.5.53
Pte.	DICKSON J.	WDD 6.12.52
2/Lt.	DOIG J.R.K. (Seaforths attd. BlaGk Watch)	MSG Bel.Killed 6.12.52 now KIA 2.2.53
Pte.	DONEATHY K.E.	KIA 6.12.52
Pte.	DONLON J.	WDD 22.11.52
Pte.	DOW D.	MSG 6.12.S2 now POW 9.5.53
Cpl.	DOW S.M.	WDD 29.11.52
Pte.	DUNN H.	WDD 2.8.52 WDD 6.12.52
Pte.	EASTCROFT G.	WDD 22.11.52
Pte.	EASTON A.	WDD 6.12.52
Pte.	EASTON C.G.	WDD 6.12.52
Pte.	EASTON R.K.	KIA 16.8.52
Pte.	ELLIS G.R.	WDD 6.12.52
Sgt.	ERICKSON R.G.	WDD 6.12.52
Pte.	EVANS D.R.	MSG Bel.Killed 6.12.52 now KIA 2.2.53
Pte.	EVANS R.I.	KIA 22.11.52
A/Cpl.	FALLEN D.	WDD 2.8.52
Pte.	FARQUHAR J.K.	KIA 6.12.52
L/Cpl.	FINDLAY M.H.	MSG Bel.Killed 6.12.52 now KIA 2.2.53
Pte.	FINLAYSON K. (Black Watch attd. KOSB)	WDD 20.10.51
Pte.	FITZPATRICK J.	WDD 6.12.52
Pte.	FLIGHT J.	WDD 23.5.53
Pte.	FOGARTY J.	WDD 20.6.53
2/Lt.	FORBES A.K.	WDD 9.5.53
Pte.	FORBES W.A.	WDD 1.11.52
Pte.	FORD K.	KIA 6.12.52
Pte.	FOTHERINGHAM D.	WDD 22.11.52
Pte.	GALLAZZI S.	WDD 6.12.52
Pte.	GARDINER D.A.	KIA 22.11.52
2/Lt.	GILLESPIE J.R.M.	WDD 2.3.53
Pte.	GILLILAND R.J.	KIA 16.8.52
Pte.	GLADINE W.J.	WDD 6.12.52
Pte.	GLASS R.	WDD 6.12.52

Pte.	GLASSFIELD A.	WDD 9.5.53
Pte.	GORDON E.D.	WDD 22.11.52
Pte.	GORMLEY T.B.	KIA 22.11.52
2/Lt.	GRAHAM M.M.	WDD 23.5.53
Pte.	GRAHAM R.	WDD 6 12.52
Pte.	GRANT J.A.	WDD 6.12.52
Pte.	GRANT W.	WDD 28.7.52
2/Lt.	GRAY C.R.W.	WDD 6.12.52 WDD 23.5.53
L/Cpl.	GREATOREX A. (DWR attd. Black Watch)	WDD 25.4.53
Pte.	GREENSHIELDS R.A.	KIA 22.11.52
Sgt.	GRIMES 0.	WDD 6.12.52
Pte.	HADDEN G.	MSG 5.12.52 MSG 13.12.52 now MSG believed killed 20.12.52 now KIA
L/Cpl.	HAIN J.F.	WDD 6.12.52
L/Cpl.	HALL D.W.	MSG 6.12.52 POW 9.5.53
2/Lt.	HARRIES B.R.	WDD 2.5.53
L/Cpl.	HARRINGTON A.T.	WDD 6.12.52
Lt.	HAUGH D.A. (Seaforths attd. Black Watch)	KIA 23.5.53
Pte.	HAWKINS F.	WDD 9.5.53
Pte.	HAYES T.J.	WDD 6.12.52
Cpl.	HINE E.E.	KIA 29.11.52
Pte.	HOGAN M.	KIA 2.8.52
Cpl.	HOLLAND F.	WDD 29.11.52
Pte.	HOSIE I.M.W.	WDD 23.5.53
Pte.	HOWIE A.M.	WDD 2.5.53
2/Lt.	HUNTER E. (Black Watch attd. Argyles)	WDD 16.9.50
Pte.	HUNTER J.F.	WDD 6.12.52
Sgt.	HUTCHISON A.B.	WDD 6.12.52
Pte.	HYDE F.G.	MSG 6.12.52
Pte.	IRVINE J.	KIA 23.5.53
Sgt.	JACKSON G. (RNF attd. Black Watch)	WDD 9.5.53
Pte.	JAMIESON A.S.	WDD 6.12.52
Pte.	JOHNSTONE R.M.	WDD 2.8.52
Pte.	JONES E.H.	WDD 6 12 52
Pte.	KEEGANS T.	WDD 6.12.52
Pte.	KELL D.	WDD 9.5.53
Pte.	LAFFERTY J.	MSG 6.12.52 now POW 9.5.53
L/Cpl.	LAIRD J.	WDD 23.5.53
Pte.	LAMB J.S.	WDD 13.12.52
Pte.	LEWIS J.	KIA 2.8.52
Pte.	LINFORD D.T.	WDD 6.12.52
Pte.	LINTON J.P.	WDD 23.5.53
Pte.	LITTLE D.	KIA 6.12.52
Pte.	LOCKHART G.	WDD 22.11.52
Pte.	LOCKHART J.	WDD 17.11.52
Pte.	LORIMER A.	W0D 24.1.53
Pte.	LYNCH F.	WDD 6.12.52
Pte.	MACDONALD A.	WDD 6.12.52
Pte.	MACKAY A.	KIA 2.5.53
Pte.	MACNEILL J.G.	WDD 6.12.52
Pte.	MAIN A.N.A.	WDD 23.8.52
Pte.	MALCOLM D.J.	WDD 6.12.52
L/Cpl.	MANNING R.A.	WDD 6.12.52
Pte.	MARSHALL D.	WDD 2.5.53 WDD 9.5.53
Pte.	McARTHUR R.	WDD 6.12.52
Pte.	McCAFFERTY J.	WDD 6.1Z.52
Pte.	McACRTHY C.	WDD 6.12.52
Pte.	McCUNNIE J.P.	WDD 6.12.52
Pte.	McDONALD J.N.	WDD 13.12.52
Pte.	McDOUGALL L. (Black Watch attd. KOSB)	KIA 20.10.51
Pte.	McDOUGALL R.	WDD 23.8.52

2/Lt.	MeGUIGAN J.C.M. (Camerons attd. Black Watch)	KIA 22.11.52
Pte.	McINTYRE J.W.	WDD 23.8.52
Pte.	McKEE R.	KIA 23.5 53
Pte.	McKENZIE C.C.	WDD 6.12.52
A/Cpl.	McKENZIE N.	WDD 16.8.52
L/Cpl.	McKENZIE R.	WDD 23.8.52 WDD 6.12.52
Pte.	McKINLAY J.	WDD 22.11.52 Times 12.11.52
L/Cpl.	McLENNAN K.	WDD 9.5.53
Pte.	McLEOD N.G.	KIA 23.8.52
Pte.	McMILLAN J.M.	WDD 23.8.52
2/Lt.	McNAB D.	WDD 2.5.53
Sgt.	McPHERSON J.	MSG 6.12.52 POW 9.5.53
Pte.	MELVILLE M.J.	WDD 2.8.52
Pte.	MERRIMAN C.E. (ACC attd. Black Watch)	WDD 2.8.52
Pte.	MILLAR D.P.	WDD 2.8.52
Pte.	MILLAR J.A.	MSG 6.12.52 POW 3.1.53 also reported POW 9.5.53
Pte.	MITCHELL P.	WDD 6.12.52
Pte.	MORRELL F.	MSG Bel. POW 22.11.52
Pte.	MUIR J.	KIA 6.12.52
Pte.	MURPHY B.	MSG 6.12.52 POW 3.1.53
Cpl.	MURRAY W.	WDD 23.5.53
Pte.	NICOL J.G.	WDD 6.12.52
Pte.	NICOL T.	WDD 28.7.52
Pte.	NICOL J.G.	WDD 6.12.52
2/Lt.	NICOLL D.A.S.	KIA 23.8.52
Pte.	NIXON J.	KIA 16.8.52
Pte.	NOTMAN T.A.	WDD 9.5.53
Pte.	ORAM H.	MSG 6.12.52 POW 9.5.53

Pte.	O'ROURKE D.	WDD 6.12.52
Pte.	OVERY G.H.	KIA 22.11.52
Pte.	OWENS J.	WDD 6.12.52
Pte.	PAGE D.R.	WDD 6.12.52
L/Cpl.	PARR D.W.	WDD 22.11.52
Pte.	PATRICK J.W.	KIA 29 11 52
Pte.	PAYNE S.G.	WDD 2.8.52
Pte.	PEARCE W.J.	WDD 16.8.52
Pte.	PEEBLES A.	WDD 6.12.52
Pte.	PEOPLES T.N. (Argyles attd. Black Watch)	WDD 2.8.52
L/Cpl.	PHILP T.G.	KIA 6.12.52
Cpl.	PICKEN H.J.	KIA 23.5.53
Pte.	PIDOUX J.M. (ACC attd. Black Watch)	WDD 9.8.52
Pte.	PIRIE J.	WDD 9.8.52
Pte.	QUEEN W.	WDD 6.12.52
Pte.	QUINLAN P.J.	WDD 6.12.52
Pte.	RADLEY A.M.	WDD 2.8.52
2/Lt.	RATTRAY A.C.	WDD 2.5.53 KIA 23.5.53
Pte.	RAYNHAM T.H.	WDD 6.12.52
Cpl.	REEKIE J.S.R.	KIA 22.11.52
Pte.	RENNIE J.	WDD 2.5.53
Lt.	RENNY-TAILYOUR A.	KIA 9.8.52
Pte.	ROBERTS D.	WDD 23.8.52
Pte.	ROBERTSON A.S.	WDD 27.10.52
L/Cpl.	ROBERTSON D.	WDD 6.12.52
Pte.	ROBERTSON P.M.	WDD 16.8.52
L/Cpl.	ROBERTSON W.R.	WDD 9.5.53
Pte.	ROBINSON H.F.	WDD 6.12.52
Pte.	RODGERS G.	WDD 2.8.52
Pte.	ROSS J.M.	WDD 2.8.52
Cpl.	ROSS M.	WDD 8.11.52

Major	ROWAN HAHILTON A.D.	WDD 6.12.52
Pte.	ROY J.D.W.	WDD 2.8.52
L/Cpl.	RUSSELL R.L.	KIA 6.12.52
Pte.	SANDLAND A.G.	WDD 22.11.52
Pte.	SAVAGE J.M.	WDD 6.12.52
Pte.	SCOTT H.L. (KOSB attd. Black Watch)	WDD 8.11.52
Pte.	SHAW I.T.	WDD 6.12.52
Pte.	SHAW R.	KIA 22.11.52
Pte.	SHAW R.H.	WDD 6.12.52
Pte.	SHAW W.R.	KIA 6.12.52
Pte.	SHEERIN T.M.	WDD 6.12.52
Pte.	SIBBALD K.	WDD 6.12.52
Pte.	SILLI5 W.H. (DWR attd. Black Watch)	WDD 25.4.53
Pte.	SIMPSON I.	KIA 28.7.52
Pte.	SIMPSON N.	WDD 23.5.53
L/Cpl.	SKILLING W.	WDD 6.12.52
2/Lt.	SMART J.D.B.	WDD 6.12.52
Pte.	SMITH B.W.	WDD 6.12.52
Pte.	SMITH F.B.	WDD 23.8.52
Pte.	SMITH J.	WDD 6.12.52
Pte.	SMITH R.A.	WDD 8.11.52
Pte.	SMITH W.	WDD 6.12.52
Pte.	SMITH W. (ROAC attd. Black Watch)	MSG 6.12.52
Pte.	SMITH W.W.	WDD 23.5.53
L/Cpl.	SPILLING L.A.	WDD 27.10.52
L/Cpl.	STANDEN P.T.R.	WDD 29.11.52
Pte.	STANLEY T.	WDD 2.8.52
Pte.	STEVEN W.	KIA 6.12.52
Pte.	STEVENSON A. also L/Cpl.	WDD 6.12.52 WDD 6.12.52
Cpl.	STRACHAN F.	WDD 6.12.52
Pte.	STUART R.J.	WDD 6.12.52
Pte.	STURMAN R.W.J.	WDD 29.11.52 WDD 6.12.52
Pte.	SWAN T.	MSG 6.12.52 POW 9.5.53
Pte.	TAYLOR E.M.H.	WDD 2.8.52
Pte.	TODD A.	WDD 6 12 52
Pte.	VIETH S.E.	WDD 6.12.52
2/Lt.	WALKER F.C.M.	WDD 6.12.52
Pte.	WALKER G. (Scot Rifles attd. Black Watch)	WDD 8.11.52
Pte.	WALTON S. MSG 6.12.52	
L/Cpl.	WARBURTON F.	WDD 23.8.52 as Pte. WDD 6.12.52
Cfn.	WATKIN E. (REME attd. Black Watch)	WDD 9.5.53
L/Cpl.	WATSON A. POW 9.5.53	MSG 6.12.52
Cpl.	WHITEHEAD E.E.	WDD 23.8.52
Sgt.	WILLIAMS D.	WDD 23.5.53
Cpl.	WILSON A.E.	KIA 23.5.53
Pte.	WILSON C.	W9D 23.8 52
Pte.	WILSON C.D.	WDD 16.8.52
Cpl.	WILSON S.B.	WDD 6.12.52
L/Cpl.	WILTON D.E.	WDD 6.12.52
Pte.	WINTERS J.	KIA 16.8.52
Pte.	WOOD L.S.	WDD 6.12.52
Pte.	WOODFIELD R.A.E.	WDD 23.8.52
Pte.	YEATES K.F.	WDD 23.8.52
Pte.	YORKSTON A C	WDD 23.8.52
2/Lt.	YOUNGER A.J. Hon. (Argyles attd. Black Watch)	WDD 6.12.52

THE OXFORDSHIRE AND BUCKINGHAMSHIRE LIGHT INFANTRY

2/Lt.	BLYTHE P.H. (Attd. KSLI)	WDD 8.12.51
Major	TRESAWANA J.A. (Attd. DLI)	KIA 27.6.53

THE ESSEX REGIMENT.

Sgt.	KEEN W.H. (Attd. RUR)	WDD 10.3.51
Pte.	STRATHIE J. (Attd. KSLI)	KIA 20.10.51

THE SHERWOOD FORESTERS
(NOTTINGHAMSHIRE AND DERBYSHIRE REGIMENT)

Lt.	BARTHOLEMEW A.J. (Attd. RN Fus)	WDD 29.10.51
Pte.	EDWARDS J. (Attd. Leics)	WDD 17.11.51
Fus.	FITZPATRICK F. (Attd. RN Fus)	DOW 6.10.51
Pte.	FREARSON K. (Attd. Leics)	WDD 17.11.51
Pte.	RANDS R. (Attd. Leics)	WDD 17.11.51
Pte.	SMITH B.L. (Attd. Leics1	WDD 17.11.51
2/Lt.	TRIBBECK J.C. (Attd. Leics)	KIA 22.3.52

THE LOYAL REGIMENT
(NORTH LANCASHIRE)

2/Lt.	WHITAMORE V.P.C. (Attd. RUR)	MSG 2.5.51 POW 6.10.51

THE NORTHAMPTONSHIRE REGIMENT.

Pte.	BILLMAN L.E. (Attd. K.S.L.I.)	WDD 20.10.51

THE QUEEN'S OWN ROYAL WEST KENT REGIMENT.

A/Sgt.	LEVY H. (Attd. R. Fus)	WDD 27.6.53

THE KING'S SHROPSHIRE LIGHT INFANTRY.

Battle Honours For The Korean War

1) Kowang-San (Date of battle 3-12th Oct 1951)
2) Hill 227 I (Date of battle 17-19th Nov 1951)
3) Korea, 1951-1952.

Pte.	ASHLEY G.H.	WDD 8.12.51
Cpl.	ASTLEY H.J.	WDD 20.10.51
Cpl.	AXE S.H.C.	KIA 28/7/52
Pte.	BACON R.	WDD 16.6.51
Pte.	BAGNALL T.	WDD 9.6.51 WDD 8.12.51
Pte.	BAKER C.J.	WDD 28.4.52
L/Cpl.	BAKER M.	WDD 22.3.52
Lt.	BALLENDEN J.P. ST.C.	WDD 20.10.51
Pte.	BANNISTER R.D.	WDD 8.12.51
Pte.	BARKER M.A. (Middx. attd. KSLI)	WDD 8.12.51
Pte.	BARNES W.T. (Middx. attd. KSLI)	WDD 9.6.51
Pte.	BARTLETT F.W.	KIA 29.9.51
Pte.	BAUGH J.H.	WDD 8.12.51
L/Cpl.	BAYLEY F.	WDD 9.6.51
Rte.	BELE J.	WDD 25.8.51
Pte.	BILIMAN L.E. (Northants attd. KSLI)	WDD 20.10.51
Pte.	BIRKETT R.	WDD 8.12.51

2/Lt.	BLYTHE P.H. (Ox & Bucks attd. KSLI)	WDD 8.12.51
Pte.	BOWELL A.C.	WDD 20.10.51
Pte.	BRICKWOOD L.	DOW 6.10.51
Pte.	BROWN H.J.	WDD 30.8.52
Pte.	BROWN R. (KSLI attd. Middx)	WDD 3.3.51
Pte.	BROWN R.K.	WDD 9.6.51
Pte.	BURNETT L.W.	WDD 1.3.52
Pte.	BURROW A.	WDD 28.7.52
L/Cpl.	BYRNE A.	KIA 8.12.51
Cpl.	CARR D.	WDD 8.12.51
Pte.	CASTLE M.D.	WDD 8.12.51
Pte.	CHALKLEY A.	WDD 16.6.51
Rfn?	CLARKE G. (RUR attd. KSLI)	KIA 8.12.51
Pte.	CLARKE H. (KSLI attd. Middx)	WDD 21.10.50
Pte.	CLARKE J.M.	WDD 8.12.51
Pte.	CLEERE E.V.	WDD 8.12.51
Pte.	CLIFTON H.E.	KIA 16.6.51
Pte.	COLQUITT R.	WDD 20.10.51
Pte.	CONSTAPLE M.	MSG 8.12.51
Pte.	CONNER A.	WDD 8.12.51
Pte.	COULTER J.E.	WDD 8.12.51
Pte.	COX C.W.L. (Middx. attd. KSLI)	MSG 8.12.51 KIA 19.1.52
Pte.	CRADDOCK D.H. (KSLI attd. Middx)	WDD 23.12.50
Pte.	CRINDLAND R.W.	KIA 8.12.51
Pte.	CROSSLAND L.	WDD 8.12.51
Pte.	CUNNINGHAM W.	WDD 8.12.51
Pte.	DALEY B.	WDD 8.12.51
Pte.	DAVEY T.W.A.	DOW 23.6.51
Pte.	DAVIES J.P. or "PJ DAYIS"	MSG 8.12.51 now KIA 3.5.52
Cpl.	DEWEY F.P. (Middx. attd. KSLI)	WDD 8.12.51
Pte.	DOCHERTY J.	WDD 6.9.52
Pte.	DODD G.L.	WDD 16.6.51
Rfn.	DOYLE M.R. (RUR attd. KSLI)	WDD 15.12.51
Pte.	DUNAWAY R. (KSLI attd. A & SH)	WDD 28.10.50
2/Lt.	DUNN G.D. (KSLI attd. DLI)	WDD 2.5.53
Pte.	DURMAN J.	WDD 17.11.51
Cpl.	DUTCH M.B.	WDD 20 10 51
Pte.	EADSFORTH J.H.	KIA 1.12.51
Pte.	EDWARDS G. (Glosters attd KSLI)	WDD 7.7.51
Pte.	EDWARDS R.	WDD 22.3.52
Rfn.	EDWARDS R.J. (KRRC attd. KSLI)	WDD 28.4.52
Pte.	ELLIS M.	WDD S.11.SI
Pte.	EVANS B.	WDD 8.12.51
Major	EVANS R. (MC)	WDD 4.8.51
L/Cpl.	EVANS R.	WDD 16.2.52
Cpl.	FELLOWS D.	- KIA 25.8.51
Pte.	FISHER D.A. (Middx. attd. KSLI)	DOW 8.12.51
Sgt.	FITZGERALD M.J.	WDD 17.11.51 WDD 1.12.51
Pte.	FORD W.F.A. (Leics attd. KSLI)	KIA 20.10.51
Pte.	FOSTER J.W.	WDD 15.3.52
Rfn.	FRY W.G. (RUR attd. KSLI)	WDD 8.12.51
L/Cpl.	GARDINER J.	WDD 8.12.51
Pte.	GARMAN J.D. (Royal Sussex attd. KSLI)	WDD 9.6.51
Pte.	GAUSDEN J,FT	WDD 5.4.52
Pte.	GIBSON R.	WDD 16.6.51
Pte.	GILLAT R.	WDD 20.10.51

Pte.	GOLDSON A.G.	WDD 20.10.51
Pte.	GORDON R.S.	WDD 9.6.51
Pte.	GOULDING M.H. (KSLI attd. Middx)	WDD 23.12.50
Cpl.	GOWLAND D.A.C.	WDD 8.12.51
Pte.	GRAY D. (Middx attd KSLI)	WDD 6.10.51
Pte.	GRIFFITHS J.W.S.	WDD 8.12.51
Cpl.	GRIFFITHS R.W.	WDD 9.6.51
Pte.	GROOM G.D.	WDD 6.10.51
Rfn?	HALL M. (RUR attd. KSLI)	KIA 8.12.51
L/Cpl.	HALLIGAN E.M.	KIA 8.1Z.51
Pte.	HALMSHAW H.	WDD 20.10.51
L/Cpl.	HANLON W.	KIA 9.6.51
Rfn.	HARMAN D. (KRRC attd. KSLI)	WDD 20.10.51
Pte.	HARPER F. (KSLI attd. Middx)	WDD 23.10.50
Major	HEARD K.A. (MC)	WDD 8.12.51
Cpl.	HEDGECOCK A.R. (Middx attd. KSLI)	WDD 28.4.52
Cpl.	HERON W.H.	MSG 8.12.51
Pte.	HESLOP R.	WDD 8.12.51
Pte.	HILTON R. (KSLI attd. Middx)	WDD 2.5.51
Pte.	HOBBS B.G.	WDD 8.12.51
Pte.	HOLDER F.	KIA 17.11.51
Pte.	HOPSON L.	KIA 8.12.51
Pte.	HORNBY Y.	WDD 20.10.51
Pte.	HUGHES J.H.	WDD 17.11.51
Sgt.	HUSSELBEE A.C.	WDD 8.12.51
Pte.	HUXLEY D.	WDD 23.2.52
Pte.	HUXLEY D.A.	WDD 6.10.51
Pte.	IRELAND no initial (KSLI attd Middx)	KIA 11.11.50
Pte.	JACKSON A.	WDD 30.8.52
L/Cpl.	JACKSON H.W. (Beds & Herts attd KSLI)	WDD 8.12.51
Pte.	JACKSON L.	KIA 1.12.51
Pte.	JONES D.	DOW 17.11.51
Pte.	JONES G.J.	WDD 8.12.51
CSM	JONES K.C.	WDD 25.8.51
L/Cpl.	JONES P.D.	MSG 8.12.51 KIA 15.9.52
Pte.	KEATING T.	WDD 6.9.52
Pte.	LAND G.R.	KIA 29.10.51
Lt.	LANYON J.W.H.	KIA 16.8.52
Cpl.	LAWSON J.G.A.	WDD 24.11.51
Pte.	LEGGETT R.	KIA 20.10.51
Cpl.	LEWIS R.C.	KIA 28.4.52
Pte.	LIGHTFOOT K.	WDD 8.12.51
Pte.	LIGHTFOOT M.	WDD 20.10.51
Pte.	LONG J.	WDD 23 6 51
Pte.	LUCKHURST R.	KIA 28.7.52
Pte.	LYE G.R.	DOW 8.12.51
Pte.	LYTHGOE P. (KSLI attd A & SH)	WDD 18.11.50
Pte.	MADDISON R.H.C.	WDD 6.10.51
Pte.	MANHOOD K.	WDD 8.1Z.S1
Rfn.	MARKWICK L. (KRRC attd KSLI)	WDD 20.10.51
2/Lt.	MARSTON R.Y.	WDD 4.8.51
Pte.	MARTIN J.	WDD 8.12.51
Cpl.	McKEEVER J. (Middx attd KSLI)	WDD 8.12.51
Pte.	McLEOD J.B.M.	WDD 28.4.52
Pte.	McLOUGHLIN D.	WDD 8.12.51
Pte.	McMAHON H.J.	WDD 8.12.51
Rfn.	McNAMARA M. (RUR attd KSLI)	WDD 8.12.51
Pte.	MILLER E.	KIA 16.6.51
Pte.	MILLWARD K.	MSG 8.12.51

Pte.	MINTON G.R. (KSLI attd Middx)	KIA 3.3.51
Pte.	MITCHELL A.R.	WDD 30.8.52
L/Cpl.	MOLE R.	WDD 16.6.51
Pte.	MOLINEUX V.	WDD 8.12.51
2/Lt.	MOORE A.G.	WDD 20.10.51
Cpl.	MOORE H.R.	WDD 28.4.52
PteO	MOORE W.H.	WDD 20.10.51
Pte.	MORGAN A.C.	WDD 6.10.51
Pte.	MULDOWN N.	WDD 6.10.51
Pte.	MUNDAY J.A.	KIA 20.10.51
Pte.	NAYLOR R.E.	WDD 17.11.51
Pte.	NEAL W. WDD 3.3.51 (KSLI attd Middx)	
Pte.	NEWMAN R. (Middx attd KSLI)	WDD 25.8.51
Pte.	OATES J. (KSLI attd Middx)	KIA 2.5.51
Pte.	O'CALLAGHAN J.	WDD 6.10.51
Lt.	PACK A.G. (MC)	WDD 12.4.52 KIA 28.7.52
Pte.	PARKINS H.	WDD 17.11.51
Pte.	PARTRIDGE D.K.	WDD 8.12.51
Pte.	PATWORTH S.G.	WDD 9.6.51
Pte.	PEARLESS D.R.	WDD 20.10.51
Pte.	PHILLIPS E.W. (Middx attd KSLI)	WDD 6.10.51
Pte.	PHILPOTT W.	MSG 8.12.51
Pte.	PINCOCK J.	WDD 17.11.51
Cpl.	PINKERTON J.	KIA 8.12.51
Pte.	PITT D.P.	KIA 3.3.51
Pte.	PITT N. (KSLI attd Middx)	WDD 8.12.51
Pte.	POYSER C.E.	WDD 9.2.52
Cpl.	PRESTCOTT B.	WDD 16.8.52
Pte.	PRATER J.W.	WDD 5.4.52

Pte.	PRICE J.D.	MSG 8.12.51
Pte.	PRING ? R.S.J.	KIA 17.11.51
Cpl.	PROCTER D.W.	WDD 8.12.51
W/Sgt.	RICHARDS H.F. (Buffs attd KSEI)	KIA 12.4.52
Cpl.	RICHARDSON K.A.	KIA 9.6.51
Pte.	RIPLEY C.E.	WDD 8.12.51
Cpl.	RITTERBAND H.	KIA 8.12.51
L/Cpl.	ROBINSON R.L.	WDD 8.12.51
Cpl.	ROBSON P.	WDD 5.4.52
Pte.	ROLT D.P.	WDD 20.10.51
Pte.	ROWE R.	WDD 29.10.51
Pte.	ROWLES D.	WDD 17.11.51
Cpl.	RUDD P. (Middx attd KSLI)	WDD 2.2.52
Pte.	RUNDLE E.G.	KIA 19.4.52
Pte.	RUNYER R.W.D.	KIA 28.7.52
Pte.	RYAN J.W.	WDD 23.2.52
Pte.	SABELL C.M.	WDD 20.10.51
Pte.	SAMMONS K.W.	WDD 8.12.51
Pte.	SCOLTOCK J.E.	WDD 1.3.52
Pte.	SEABRIGHT H.R.	WDD 9.6.51
Pte.	SELL L	WDD 20.10.51
Pte.	SELLENS H.W. (Middx attd KSLI)	WDD 9.6.51
Pte	SELLWOOD L R	WDD 5 4 52
Cpl.	SHARKEY D.V.	WDD 8.12.51
Pte.	SHAW L.E.	WDD 8.12.51
Pte.	SHELDRAKE T.	WDD 9.6.51 MSG 8.12.51 KIA 19.1.52
Pte.	SHIELL G.	KIA 16.8.52
Pte.	SHORE C. (KSLI attd MIDDX)	WDD 23.12.52
Pte.	SIBLEY G.	MSG 8.12.51 KIA 19.1.52

2/Lt.	SINCLAIR-MORFORD PA	MSG 23.2.52
Pte.	SLAUGHTER R.E.	WDD 20.10.51 WDD 28.4.52
Pte.	SMILES J.	KIA 16.8.52
Pte.	SMITH K.M.	WDD 15.3.52
Pte.	SMITH R.	WDD 9.6.51
Pte.	SPLEYINS J.	KIA 8.12.51
Pte.	STEPHENS M.	WDD 8.12.51
Pte.	STEWART J.P. (KSLI attd Middx)	WDD 23.12.50
Pte.	STONE E.G.	WDD 9.6.51
Pte.	STRATHIE J. (Essex attd KSLI)	KIA 20.10.51
Pte.	STRAUGHAN J.B.	KIA 8.12.51
Pte.	STRETTON K.J.	WDD 6.10.51
Pte.	SUMNER D. (Middx attd KSLI)	KIA 6.10.51
Major	TAIT A.R.	KIA 17.11.51
Pte.	TAYLOR C. (KSLI attd Middx)	WDD 23.12.50
Cpl.	TAYLOR G.L.	WDD 8.12.51 WDD 23.2.52
Pte.	TAYLOR J.	WDD 8.12.51
Pte.	TILL A.E.	WDD 20.10.51
Pte.	TOMKINS A.J. (Middx attd KSLI)	WDD 6.10.51
Pte.	TRANT G.	WDD 8.12.51
Pte.	TRIGGS P.M.	KIA 28.4.52
Pte.	TURNBULL L.A.	MSG 8.12.51 KIA 19.1.52
Pte.	TYRER P.J.	WDD 8.12.51
Pte.	VARLEY K.	WDD 22.3.52
Cpl.	WADE L.	WDD 20.10.51
Pte.	WALKER E.	KIA 16.8.52
Pte.	WARBIS T.5.	WDD 19.4.5Z
Pte.	WARD A.	WDD 2.8.52
Pte.	WARDLEY W.	WDD S.11.S1

Pte.	WELLS D.	MSG 8.12.51
Pte.	WELLS T.W. (Beds & Herts attd KSLI)	WDD 17.11.51
Pte.	WESTON W.H.	WDD 20.10.51
Pte.	WHITE J.	WDD 1.3.52
L/Gpl.	WHITE W.	WDD 23.2.52
Pte.	WHITEHOUSE H. (KSLI attd Middx)	WDD 3.3.51
Cpl.	WHITMORE C.	WDD 17.11.51
2/Lt.	WHYBROW J.	WDD 17.11.51
Pte.	WILDERS A.T.	WDD 15.3.52
Pte.	WILLIAMS H.A.	WDD 16.8.52
Pte.	WILLIAMS H.J.	WDD 24.11.51
Pte.	WILLS G.	WDD 8.12.51
Sgt.	WILSON A.	KIA 17.11.51
Pte.	WILSON D.	WDD 8.12.51
L/Cpl.	WILSON F.C.G.	WDD 5.11.51
Pte.	WINDLE C.	WDD 8.12.51
Pte.	WINTER J.W.	WDD 2.8.52
Pte.	WOOD G.D.	WDD 28.4.52
Pte.	WRIGHT C.E. (Buffs attd KSLI)	WDD 29.3.52
L/Cpl.	YAPP G.A.	DOW 9.6.51
Pte.	YARWOOD R. (KSLI attd Middx)	WDD 23.12.50
Pte.	YOUNG L. (KSLI attd Middx)	WDD 21.4.51
Pte	YOUNG L.W.	DOW 22.3.52

THE MIDDLESEX REGIMENT.
(DUKE OF CAMBRIDGE'S OWN)

Battle Honours For The Korean War

1) Naktong Bridgehead (Date of battle 16-25 Sept 1950)
2) Chongju (Date of battle 25-30 October 1950)
3) Chongchon II (Date of battle 25-30 November 1950)
4) Chuam Ni (Date of battle 14-17 February 1951)
5) Kapyong-Chon (Date of battle 3-16 April 1951)
6) Kapyong (Date of battle 22-25 April 1951)
7) Korea 1950-1951.

Pte.	ALLCHIN D.	WDD 21.4.51
L/Cpl.	AMOS T.	WDD 30.9.50
	as Cpl.	KIA 2.5.51
L/Cpl.	ANDERSON L.	WDD 23.12.50
Pte.	BAILEY P. (S.Staffs attd Middx)	WDD 2.5.51
Pte.	BANNER G. (S.Staffs attd M;ddx)	WDD 7.10.50
Pte.	BARKER M.A. (Middx attd KSLI)	WDD 8.12.51
Pte.	BARNES W.T. (Middx attd KSLI)	WDD 9.6.51
Pte.	BATTEN R.	KIA 4.11.50
Pte.	BENNETT R.	KIA 3.3.51
L/Cpl.	BONNYWELL O.	WDD 23.12.50
Pte.	BRISTOW B.J.	KIA 30.9.50
Cpl.	BROWN G.	WDD 30.9.50
2/Lt.	BROWN R.	WDD 2.5.51
Pte.	BROWN R. (KSLI attd Middx)	WDD 3.3.51
Pte.	BRUMPTON B.O.H.	WDD 23.12.50
Pte.	BUCKNALL J.C.	MSG 30.9.50
Lt.	BUCKNALL J.C.	Prev. MSG now (see above) KIA 22.11.52
WO2	BUDDEN R.M.	WDD 17.3.51
Cpl.	CARD C.	WDD 17.3.51
Pte.	CAREY J.	WDD 2.12.50
Pte.	CARROL T.	WDD 2.5.51
Pte.	CARROLL W.	DOW 31.3.51
Cpl.	CHEESEMAN P.J.	WDD 30.9.50
Pte.	CHURCH L. (S.Staffs attd Middx)	WDD 2.5.51
Pte.	CLARKE H. (KSLI attd Middx)	WDD 21.10.50
Pte.	CLARKE R.	WDD 2.5.51
Pte.	CLOVER A. (Glosters attd Middx)	WDD 3.3.51
Pte.	COBBY L.	WDD 3.3.51
Pte.	COLE A.	WDD 3.3.51
Pte.	COLLIER C.	KIA 4.11.50
Cpl.	CONROY J.	WDD 23.12.50
Pte.	COOK L.	WDD 30.9.50
Pte.	COOPER A. (S.Staffs attd Middx)	WDD 30.9.50
Cpl.	COOPER P.	WDD 3.3.51
Pte.	COPUS D.	WDD 3.3.51
Pte.	CRADDOCK D.H. (KSLI attd Middx)	WDO 23.12.50
Sgt.	CRANFIELD D.	WDD 23.12.50
Pte.	CRERAR T.N.	WDD 11.11.50
Pte.	CRUICKSHANK K.P.	WDD 23.12.50
Pte.	CRUSE D.D.	WDD 23.12.50
Pte.	CURRIE W.	WDD 3.3.51
Pte.	CUTHBERT no initial	WDD 23.12.50
Sgt.	DEAMER D.H.	WDD 11.11.50
Capt.	de GAYE J.	WDD 4.10.52
L/Cpl.	DENCH L.W.	WDD 16.9.50
Cpl.	DEWEY F.P. (Middx attd KSLI)	WDD 8.12.51
Pte.	DRURY C.R.J.	WDD 2.12.50
L/Cpl.	DURSTON M.	WDD 3.3.51
Cpl.	ELDRIDGE J. (Queens attd Middx)	WDD 23.12.50
Pte.	ELLSON G. (Glosters attd Middx)	KIA 3.3.51
Pte.	EVERETT D.	WDD 2.5.51
Major	FAVELLE B.K.	WDD 4.11.50

(E.Surrey attd Middx)

Cpl.	FIELD J.	WDD 30.9.50
Pte.	FISHER D.A. (Middx attd KSLI)	DOW 8.12.51
Pte.	FRADLEY B. (S Staffs attd Middx)	WDD 30.9.50 WDD 2.5.51
Pte.	FREAKLEY W.	KIA 23.12.50
Pte.	FREEMAN T.J.	WDD 28.4.51
Pte.	FRIEND L.J.	WDD 30.9.50
Pte.	GALVIN D.O.	WDD 23.9.50
L/Cpl.	GARDNER R.	WDD 23.12.50
Pte.	GARNER W.M.	WDD 23.12.50
Pte.	GAYNER W.	WDD 2.5.51
Pte.	GOLDUP R.C.	WDD 23.12.50
Pte.	GOUDLING M.H. (KSLI attd Middx)	WDD 23.12.50
Pte.	GRAY D. (Middx attd KSLI)	WDD 6.10.51
L/Cpl.	GRUMMITT R.	WDD 3.3.51
L/Cpl.	HALLS A.L.	WDD 23.12.50
Cpl.	HARMER R.	WDD 2.5.51
Pte.	HARPER F. (KSLI attd Middx)	WDD 23.12.50
Pte.	HARRIS G.	KIA 3.3.51
Pte.	HAYFIELD F.	KIA 30.9.50
Pte.	HEATH W.A. (S.Staffs attd Middx)	KIA 2.5.51
Cpl.	HEDGECOCK A.R. (Middx attd KSLI)	WDD 28.4.52
Pte.	HILTON R. (KSLI attd Middx)	WDD 2.5.51
Pte.	HINE J.J. (S.Staffs attd Middx)	WDD 3.3.51
Sgt.	HUMMERSTONE D.	KIA 3.3.51
L/Cpl.	INNES G. (Glosters attd Middx)	KIA 2.5.51
Pte.	IRELAND no initial (KSLI attd Middx)	KIA 11.11.50
Pte.	JENNER R.	WDD 2.5.51
Sgt.	JESSUP L.R.	WDD 23.12.50
Cpl.	KING H.	WDD 3.3.51
Pte.	LANE D.R.	WDD 11.11.50
Pte.	LEDGER J.	WDD 3.3.51
Cpl.	LEFEYRE W.G.	WDD 16.9.50
Cpl.	LEYLAND R. (S.Staffs attd Middx)	DOW 7.10.50
Pte.	LINEHAM E.	WDD 3.3.51
2/Lt.	LOCK J.O.M. (RAQC attd Middx)	KIA 6.1.51
Pte.	LOFTS J.	WDD 2.5.51
Pte.	LOWNDES H. (S.Staffs attd Middx)	WDD 30.9.50
Pte.	MAILE A.D.	MSG 3.3.51
2/Lt.	MARTIN E.W.	WDD 2.5.51 DOW 23.6.51
Pte.	MATHIESON R.	WDD 2.5.51
Cpl.	McKEEVER J. (Middx attd KSLI)	WDD 8.12.51
Cpl.	MILLARD E.G.	WDD 23.12.50
Pte.	MINTON G.R. (KSLI attd Middx)	KIA 3.3.51
L/Cpl.	MOORE T. (Queens attd Middx)	WDD 2.5.51
Pte.	MYATT C. (Glosters attd Middx)	WDD 2.5.51
Pte.	NEAL W. (KSLI attd Middx)	WDD 3.3.51
Pte.	NEW no initial	WDD 2.5.51
Pte.	NEWMAN R. (Middx attd KSLI)	WDD 25.8.51
Pte.	OATES J. (KSLI attd Middx)	KIA 2.5.51
Pte.	O'CONNER V. (S.Staffs attd Middx)	WDD 21.10.50
Pte.	PAGE C	KIA 4.11.50
Pte.	PALLITT J. (S.Staffs attd Middx)	WDD 30.9.50
Sgt.	PARKER H.	WDD 30.9.50

Pte.	PATERNOSTER R.	WDD 3.3.51
Pte.	PEACOCK J.	WDD 3.3.51
Cpl.	PEGG R.	KIA 3.3.51
Cpl.	PENTONY J.W.	WDD 30.9.50
Pte.	PHILLIPS E.W. (Middx attd KSLI)	WDD 6.10.51
Pte.	PITT D.P. (KSLI attd Middx)	KIA 3.3.51
Cpl.	POTTS G.	WDD 11.11.50
Pte.	PRITCHARD J.	WDD 16.9.50
L/Cpl.	PRITCHARD T.W.	WDD 23.12.50
Lt.	REILLY L.H. ST.C.	KIA 27.1.51
Pte.	RICHARDSON G.W.	WDD 23.12.50
L/Cpl.	RICHARDSON N.	WDD 30.9.50
Pte.	RICHARDSON G.W.	WDD 23.12.50
Cpl.	RUDD P. (Middx attd KSLI)	WDD 2.2.52
Pte.	RUSSELL D.C.	KIA 30.9.50
Pte.	RUSSELL R.	WDD 2.5.51
Pte.	SABIN E.	WDD 2.5.51
Pte.	SAMPSON E.	WDD 12.5.51
Lt.	SANDER G.	KIA 11.11.50
Pte.	SANGWINE M.B.	WDD 23.12.50
W02	SEABROOK T.	WDD 3.3.51
Pte.	SELLENS H.W. (Middx attd KSLI)	WDD 9.6.51
Pte.	SHARPE J.S. (S.Staffs attd Middx)	KIA 7.10.50
Pte.	SHORE C. (KSLI attd Middx)	WDD 23.12.50
Pte.	SLATER R.J. (S.Staffs attd Middx)	WDD 28.10.50
Pte.	SMALLMAN W.H.	WDD 23.12.50
Pte.	SMILLIE B.	WDD 23.12.50
Cpl.	SMITH W.	WDD 30.9.50
L/Cpl.	STANFORD no initial	KIA 2 5.51
Pte.	STEVENS C.	WDD 3.3.51
Pte.	STEWART J.P. (KSLI attd Middx)	WDD 23.12.50
Pte.	STREETER R.	KIA 16.9.50
Pte.	STUBBS C.	WDD 23.12.50
Pte.	SUMNER D. (Middx attd KSLI)	KIA 6.10.51
Cpl.	SUTTON K.	WDD 2.5.51
Pte.	TAYLOR C. (KSLI attd Middx)	WDD 23.12.50
Peee	THOMAS G	WDD 30 9.50
Pte.	TOMKINS A.J. (Middx. attd KSLI)	WDD 6.10.51
Pte.	TREDGET K.	KIA 30 9 50
Pte.	VODDEN J.N.	WDD 23.12.50
Cpl.	WAGNER C.B.	WDD 16.9.50
Pte.	WALKLEY J.	WDD 3.3.51
Sgt.	WALSH C.	WDD 30.9.50
Pte.	WARNER B.G.	WDD 23.12 50
L/Cpl.	WATKINS J.	WDD 3.3.51
Cpl.	WEAVER R.D.	MSG 3.3.51 Died as POW 13.6.53
Pte.	WEST E.D.	KIA 30.9.50
2/Lt.	WHITE G.A. (RAOC attd. Middx)	KIA 30.9.50
Pte.	WHITEHOUSE H. (KSLI attd Middx)	WDD 3.3.51
Pte.	WILLIAMS C.C.	WDD 11.11.50
Pte.	WILLIAMS F.V.	WDD 23.12.50
Pte.	WILLIAMSON J.A. (Middx attd KOSB)	WDD 5.11.51
2/Lt.	WOLLOCOMBE P.A.S.	WDD 10.3.51
Pte.	WOOD K.	WDD 3.3.51
Pte.	WOODRUFF W.G.C.	WDD 23.12.50
2/Lt.	WOOLOCOMBE T.M.H. (Middx attd R.Fus)	WDD 29.11.52
Pte.	YARWOOD R.	WDD 23.12.50

(KSLI attd Middx)

Pte.	YATES N.S. (S.Staffs attd. Middx)	WDD 23.12.50

THE KINGS ROYAL RIFLE CORPS.

Rfn.	EDWARDS R.J. (Attd. KSLI)	WDD 28.4.52
Rfn.	HARMAN D. (Attd. KSLI)	WDD 20.10.51
Rfn.	MARWICK L. (Attd. KSLI)	WDD 20.10.51

THE WILTSHIRE REGIMENT
(THE DUKE OF EDINBURGH'S.)

L/CD1.	ALBERTS P. (Attd RUR)	WDD 28.4.51
Pte.	BULLOCK G.F. (Attd Glosters)	WDD 2.5.51
Lt.	CAWS J.H.D. (Attd Kings)	WDD 13.6.53
Pte.	COOKE G. (Attd. Glosters)	MSG 3.5.51 as Cpl.Carter POW 10.11.51
Pte.	GORDGE G.D. (Attd. Glosters)	WDD 2.5.51
Pte.	GUILDFORD M.G. (Attd Glosters)	WDD 2.5.51
Pte.	HARRIS J.L. (Attd Glosters)	WDD 2.5.51 as JLS Harris POW 13.10.51 not WDD 9.6.51
Pte.	PEARSON W. (Attd Leics)	WDD 1.12.51
Pte.	SLOCOMBE W.J. (Attd Glosters)	WDD 2.5.51
Pte.	VOSPER J. (Attd Glosters)	WDD 2.5.51

THE YORK AND LANCASTER REGIMENT.

2/Lt.	BURKE A.G. (Attd KOSB)	WDD 8.12.51
Lt.	FOXTON L.D. (Attd R.N. Fus)	KIA 29.10.51
Lt.	WEEKS R.H.M. (Attd R N Fus)	WDD 29.10.51

THE DURHAM LIGHT INFANTRY.

Battle Honours For The Korean War.

1) Korea, 1952-1953.

A/Cpl.	ALLEN T.G.	WDD 27.6.53
Pte.	ARMSTRONG C.	WDD 9.5.53
Pte.	ARMSTRONG G.G.	WDD 18.10.52
L/Cpl.	BAILLIE J.	WDD 14.2.53
Pte.	BAKER D.E.	MSG 13.12.52 KIA 14.7.53
Pte.	BAKER E.J.	WDD 27.6.53
Pte.	BALL A.H.	WDD 13.12.52
Pte.	BATES R.F.	WDD 18.10.52
L/Cpl.	BEDFORD B.	KIA 23.5.53
Pte.	BENGE D.M.	MSG 13.12.52
Pte.	BERTRAM C.	WDD 20.6.53
Pte.	CARWOOD R.D.	MSG 13.12.52
L/Cpl.	CHALDER T.	WDD 13.12.52
Pte.	CLEMENTS J.A.	DOW 24.1.53
Cpl.	CLOUSTON T.J.	WDD 2.2.53
Pte.	COLEY J.	WDD 18.10.52 as L/Cpl. WDD 23.5.53
2/Lt.	CONSTANTINE D.M.	WDD 29.11.52
Pte.	COTTON S.G.	KIA 27.6.53
Pte.	DOLMAN B.	WDD 13.12.52
Major	DONOGHUE C.P.	KIA 17.1.53
Pte.	DUCKER R.	WDD 9.5.53
2/Lt.	DUNN G.D.	WDD 2.5.53

(KSLI attd DLI)

Pte.	EACOTT R.	KIA 14.2.53
Pte.	EGGETT J.	DOW 20.6.53
Cpl.	FIELDHOUSE F.	WDD 9.5.53
Pte.	FUSSELL M.J.	WDD 23.5.53
Pte.	GAMBLE D.F.	WDD 14.2.53
Pte.	GARBUTT C.	WDD 13.12.52
Pte.	GARDINER B.F.	WDD 23.5.53
Pte.	GEORGE W.	WDD 18.10.52
L/Cpl.	GIBBONS R.	WDD 20.6.53
Cpl.	GRAINGER R.	WDD 21.2.53
Pte.	GRAY D.F. (ACC attd DLI)	WDD 2.5.53
Pte.	GRIMWOOD R.	WDD 13.12.52
Pte.	GROSE W.J.	WDD 13.12.52
Sgt.	HANNA R.J.	WDD 17.1.53
Pte.	HANNAN J.	WDD 13.12.52
Pte.	HARDISTY K.	WDD 20.6.53
Pte.	HARGREAVES D.	KIA 20.6.53
Cpl.	HARRISON R.	WDD 13.12.52
Pte.	HAWLEY J.D.	WDD 23.5.53
L/Cpl.	HEDLEY A.E.	WDD 22.11.52
Pte.	HEDLEY K.	WDD 23.5.53
Pte.	HODGE R.	WDD 13.12.52
Pte.	HOLCOMBE J.	WPD 13.12.52
Pte.	HOLDEN W.	WDD 17.1.53
Cpl.	HOPE G.A.	WDD 29.11.52
Pte.	HUNTER E.	WDD 17.1.53
Pte.	HYDE K.W.	WDD 23.5.53
Pte.	JOHNSON W.	WDD 2.5.53
Pte.	JONES D.R.	WDD 27.6.53
Pte.	JONES E.J.	WDD 23.5.53
Major	KELLY J.W.	WDD 18.10.52
Pte.	KING D.J.	WDD 2.5.53
Pte.	KITCHING K.D.	WDD 23.5.53
Cpl.	LIDDLE R.	KIA 27.6.53
L/Cpl.	O'BRIEN E.	KIA 18.10.52
Pte.	OWEN R.F.	WDD 29.11.52 WDD 23.5.53
Pte.	PARKER D.	WDD 2.5.53
L/Cpl.	PEARSON T.	WDD 18.10.52
Pte.	POWER J.R.	WDD 17.1.53
Lt.	RADCLIFFE E.L.W.	MSG 2.5.53
Pte.	ROBINSON E.	WDD 14.2.53
Pte.	ROBINSON T.W.	WDD 23.5.53
Pte	SANDBROOK G	WDD 29.11.52
Pte.	SMITH F.	WDD 6.12.52
Pte.	SMITH G.A.	WDD 14.2.53
Pte.	SMITH N.C.	WDD 13.12.52
Pte.	SMITHEY T.	WDD 23.5.53
Pte.	TIMMIS E	WDD 18 10 52
Pte.	TOOMEY G.H.	WDD 2.5.53 WDD 27.6.53
Pte.	TORR D.B.	WDD 2 2 53
Pte.	TOOR F.	WDD 22.11.52
Major	TRESAWNA J.A. (Ox & Bucks attd DLI)	KIA 27.6.53
Cpl.	TURTON D.	WDD 2.5.53
Pte.	VINTON R.	WDD 29.11.52
Pte.	WAITE W.	WDD 24.1.53
Pte.	WALCH A.C.	WDD 2.5.53
Pte.	WE3B L.R.	WDD 13.12.52
Pte.	WILKINSON R.C.	WDD 13.12.52
L/Cpl.	WOOD F.C.	WDD 13.12.52

THE HIGHLAND LIGHT INFANTRY.
(CITY OF GLASGOW REGIMENT)

2/Lt. LINQUIST J.W. WDD 17.11.51
(Attd K.O.S.B.)

THE SEAFORTH HIGHLANDERS
(ROSS-SHIRE BUFFS
THE DUKE OF ALBANY'S)

2/Lt. DOIG J.R.K. MSG BEL Kill. 6.12.52
(Attd. Black Watch) KIA 2.2.53

Lt. HAUGH D.A. KIA 23.5.53
(Attd. Black Watch)

THE GORDON HIGHLANDERS

Pte. MULLIGAN J. WDD 28.4.51
(Attd. Argyles)

THE QUEEN'S OWN CAMERON HIGHLANDERS

2/Lt. McGUIGAN J.C.M. KIA 22.11.52
(Attd. Black Watch)

THE ROYAL IRISH FUSILIERS.
(PRINCESS VICTORIA'S)

Fus. McCLEAN L. WDD 2.5.53
(Attd. Kings)

THE ARGYLL AND SUTHERLAND HIGHLANDERS.
(PRINCESS LOUISE'S.)

Battle Honours For The Korean War.

1) Pakchon. (Date of battle 4-5 November 1950)
2) Korea, 1950-1951.

Cpl. AIKMAN W.H. WDD 17.11.51
(Argyles attd KOSB)

Pte. ALEXANDER A.R. WDD 17.11.51
(Argyles attd KOSB)

L/Cpl. ALLAN D. WDD 28.10.50

L/Cpl. ALLISON A. WDD 20.10.51
(Argyles attd KOSB)

Pte. ANDERSON A.L. WDD 30.9.50

Pte. ANNAN A. MSG 7.10.50
(KOSB attd Argyles)

Pte. ANYON J. WDD 7.10.50
(KOSB attd Argyles)

Pte. BARCLAY E. KIA 7.10.50

Pte. BATHGATE C. WDD 16.9.50
(KOSB attd Argyles)

Pte. BEARDMORE D. WDD 30.9.50
(KOSB attd Argyles)

Pte. BELL J. WDD 30.9.50
(KOSB attd Argyles)

Pte. BENNETT A.J. WDD 9.6.51
(Argyles attd KOSB)

Cpl. BENNETT C.S. WDD 17.11.51
(Argyles attd KOSB)

L/Cpl. BIRD H. WDD 30.9.50

Pte. BLACKSTOCK F. WDD 17.11.51
(Argyles attd KOSB)

Pte. BOATMAN P. MSG 21.10.50

Pte. BOLTON L. WDD 18.11.50

Pte. BRADSHAW L. WDD 30.9.50

L/Cpl. BRAID W.W. WDD 17.11.51
(Argyles attd KOSB)

Pte. BUCHAN A. DOW 20.10.51
(Argyles attd KOSB)

Capt. BUCHANAN C.N.A. MSG 16.9.50
now presumed DOW 24.11.51

2/Lt. BUCHANAN M.D.W. KIA 30.9.50

Pte. CALDER W. WDD 16.9.50

Pte. CAMPBELL C. WDD 30.9.50
(KOSB attd Argyles)

Cpl. CAMPBELL J. WDD 18.11.50

Pte. CATTRELL G.W. WDD 17.11.51
(Argyles attd KOSB)

Pte. CAUFIELD R.A.J. MSG 17.11.51
(Argyles attd KOSB)

2/Lt. CAWTHORN M.J.D. KIA 21.4.51

Pte. CLARK H. WDD 30.9.50

Sgt. CLARKE H. KIA 18.11.50

Pte. CLARKE P. KIA 23.9.50

	(ACC attd Argyles)	
Pte.	CLEMENTS J.H. (Argyles attd KOSB)	WDD 17.11.51
Pte.	COLES L. (Leics attd Argyles)	WDD 30.9.50
Pte.	COLLINS F. (Argyles attd KOSB)	KIA 17.11.51
L/Cpl.	COOK J. (Argyles attd KOSB)	KIA 17.11.51
Cpl.	CORSER T.L. (Argyles attd KOSB)	WDD 29.10.51
Pte.	COWAN J.	KIA 7.10.50
Pte.	COWIE M. (Argyles attd KOSB)	WDD 29.10.51
Cpl.	CRAIG K.	WDD 18.11.50
Cpl.	CREE J.C.	WDD 18.11.50
Pte.	CROCKER H. (Leics attd Argyles)	WDD 7.10.50
2/Lt.	CUNNINGHAM E.	WDD 18.11.50
Pte.	CUNNINGHAM N.A. (Argules attd KOSB)	WDD 9.6.51
Pte.	DAVIS G.E. (Leics attd Argyles)	WDD 30.9.50
Pte.	DAVIS K.	WDD 7.10.50
Pte.	DELANEY J. (Leics attd Argyles)	WDD 7.10.50
Pte.	DEMPSEY M.	KIA 30.9.50
Cpl.	DIGAN W. (Argyles attd KOSB)	WDD 17.11.51
Cpl.	DOHERTY H.	WDD 7.10.50
Pte.	DUNAWAY R. (KSLI attd Argyles)	WDD 28.10.50
Pte.	DUNBAR J. (Argyles attd KOSB)	WDD 17.11.51
Sgt.	DUNBAR W. (MM)	WDD 7.10.50
Pte.	EDGAR I.J.	WDD 28.10.50 DOW 18.11.50
2/Lt.	EDINGTON J.	WDD 30.9.50
Pte.	ELMSLIE J.D. (Argyles attd KOSB)	WDD 9.6.51
Pte.	ESSON J.	WDD 30.9.50
L/Cpl.	FAIRHURST J.L.	WDD 30.9.50
Pte.	FFYFFE W.C.	WDD 16.9.50
L/Cpl.	FIELDING A.	MSG 7.10.50
Cpl.	FORSTER J.J. (Argyles attd KOSB)	WDD 17.11.51
Pte.	FOSTER J.	KIA 18.11.50
Pte.	FRANKS R. (Leics attd Argyles)	WDD 30.9.50
Pte.	FRASER D.	WDD 23.9.50
Pte.	FRIZE D.	WDD 30.9.50
Pte.	GALBRAITH J. (Argyles attd KOSB)	WDD 17.11.51
Pte.	GAULD T.J. (Argyles attd KOSB)	WDD 20.10.51
L/Cpl.	GILDAY P. (Argyles attd KO55)	MSG 17.11.51
Pte.	GILKS D. (Leics attd Argyles)	WDD 16.9.50 WDD 21.4.51
Pte.	GIRVEN A.C.	WDD 30.9.50
Pte.	GORDON G.	KIA 18.11.50
Major	GORDON-INGRAM A.I.	WDD 18.11.50
Pte.	GRANT G.	WDD 16.9.50
Cpl.	GRAVESTOCK P. (Argyles attd KOSB)	WDD 9.2.52
Pte.	GURR E.J.	WDD 18.11.50
Sgt.	HARRISON J.	WDD 30.9.50
Pte.	HATHAWAY R. (Leics attd Argyles)	WDD 7.10.50
Pte.	HILL E. (KOSB attd Argyles)	KIA 7.10.50
Cpl.	HILL L. (Argyles attd KOSB)	WDD 3.5.52
Pte.	HODKINSON C.	WDD 30.9.50
Pte.	HOLMES A.H.F. (KOSB attd Argyles)	KIA 30.9.50
Pte.	HOPSON A.G. (Argyles attd KOSB)	WDD 17.11.51
Pte.	HORSBURGH D.	WDD 30.9.50
Pte.	HOWCROFT C.	KIA 30.9.50

Pte.	HUDSON R.A. (Argyles attd KOSB)		WDD 9.6.51
Pte.	HUGHkS W.		WDD 7.10.50
Cpl.	HUMPHREY R. (Argyles attd KOSB)		WDD 20.10.51
2/Lt.	HUNTER E. (Black Watch attd Argyles)		WDD 16.9.50
Pte.	HUTCHISON J. (Argyles attd KOSB)		WDD 17.11.51
Pte.	HYNDES J.		WDD 7.10.50
Pte.	IRYING R. (KOSB attd Argyles)		WDD 30.9.50
Cpl.	JENKINS D.		WDD 7.10.50
Pte.	JOHANESEN A.		WDD 30.9.50
Pte.	JOHNSTON C.		WDD 7.10.50
Pte.	JOHNStONE J.		WDD 7.10.50
Ptc.	JORDAN C.S. (Argyles attd KOSB)		WDD 20.10.51
Pte.	KELLY D.		WDD 16.9.50
Pte.	KELLY W.		WDD 30.9.50
Pte.	KEMP R. (KOSB attd Argyles)		KIA 18.11.50
Pte.	KENNEDY G.		WDD 30.9.50
		also reported	WDD 17.3.51
Pte.	KINNE R.		KIA 28.10.50
Pte.	KINNEAR V.		WDD 7.10.50
2/Lt.	LAUDER A.J.		WDD 10.3.51
Cpl.	LAYTON J.F.		WDD 16.9.50
Pte.	LEE M.P.		WDD 21.4.51
Pte.	LIVIE D.M.		WDD 21.4.51
Pte.	LIVINGSTONE J.		KIA 18.11.50
Lt.	LLYOD-DAVIES G. (ROAC attd Argyles)		WDD 16.9.50
Pte.	LOCKETT E. (Argyles attd KOSB)		KIA 17.11.51
Pte.	LOCKHART R. (KOSS attd Argyles)		WDD 18.11.50
Pte.	LORIMER A.R.		KIA 23.9.50
Pte.	LYTHGOE P. (KSLI attd Argyles)		WDD 18.11.50
2/Lt.	MACKELLAR P.M.K.		WDD 30.9.50
Pte.	MACKIE A.		WDD 30.9.50
Pte.	MAGUIRE P.		WDD 23.9.50
Pte.	MALE D.		WDD 30.9.50
Pte.	MARTIN P:		WDD 30.9.50
L/Cpl.	MARTIN W. (Argyles attd KOSB)		MSG 17.11.51
Cpl.	MATTHEWS L. (Argyles attd KOSB)		WDD 29.10.51
Pte.	McAMISH J.D. (Argyles attd KOSB)		WDD 29.10.51
Pte.	McCANN P.		WDD 7.10.50
Pte.	McCURDY (Argyles attd KOSB)		WDD 17.11.51
Pte.	McDONALD J.		WDD 18.11.50
Pte.	McDONALD R. (Argyles attd KOSB)		MSG 17.11.51
Cpl.	McDONALD W.		WDD 7.10.50
Pte.	McENTEE A.		WDD 7.10.50
L/Cpl.	McEWAN G.		WDD 30.9.50
L/Cpl.	McGRADY H.J. (Argyles attd KOSB)		WDD 17.11.51
Pte.	McHALE C. (Argyles attd KOSB)		MSG 17.11.51
Pte.	McHARDY C.		KIA 28.10.50
Pte.	McKELVIE A.		KIA 7.10.50
Pte.	McKERROW I.		WDD 30.9.50
Pte.	McLAUGHLIN E.		KIA 7.10.50
Pte.	McLAUGHLIN R. (KOSB attd Argyles)		WDD 7.10.50
Pte.	McLELLAN J.B.		WDD 18.11.50
Pte.	McLEOD J.A. (Argyles attd KOSB)		WDD 17.11.51
Pte.	McNAE R.		WDD 28.4.51
Cpl.	McNAUGHTON N.		WDD 30.9.50
Pte.	McPHERSON J.		WDD 7.10.50

Pte.	MEIGHAN J. (KOSB attd Argyles)	WDD 18.11.50
Pte.	MILLAN R.	WDD 28.10.50
Pte.	MILLAR J. (Argyles attd KOSB)	KIA 9.6.51
Lt.	MILNER J.A.C. (Dorsets attd Argyles)	KIA 21.4.51
L/Cpl.	MITCHELL A,	WDD 7.10.50
Sgt.	MITCHELL R.F. (Argyles attd KOSB)	WDD 17.11.51
Pte.	MOORE A. (Argyles attd KOSB)	WDD 9.2.52
Pte.	MORGAN K. (KOSB attd Argyles)	WDD 28.4.51
Major	MUIR K.	KIA 30.9.50
Pte.	MULLIGAN J. (Gordons attd Argyles)	WDD 28.4.51
Pte.	MUNRO R. (Argyles attd KOSB)	MSG 17.11.51
Sgt.	MURRAY T.	WDD 16.9.50
Pte.	MUTCH J.	WDD 16.9.50 WDD 28.10.50
L/Cpl.	NEE J.	WDD 23.9.50
Pte.	NELSON J.	WDD 30.9.50
L/Cpl.	NEWTON R.	WDD 30.9.50
Pte.	NICHOLSON A. (Argyles attd KOSB)	WDD 20.10.51
Pte.	NISBETT W. (Argyles attd KOSB)	WDD 18.11.50 KIA 20.10.51
Pte.	O'BOY J. (Argyles attd KOSB)	MSG 17.11.51
L/Cpl.	O'KANE E.	WDD 7.10.50
Sgt.	O'SULLIVAN J. (MM)	WDD 30.9.50
L/Cpl.	OWEN T.E. (Argyles attd KOSB)	WDD 29.10.51
Cpl.	PATERSON D.H.	WDD 18.11.50
Pte.	PATON B.	WDD 23.9.50
Cpl.	PATTERSON D.	DOW 17.3.51
Pte.	PATTISON W.	WDD 30.9.50
Capt.	PENMAN J.	WDD 30.9.50 as Major (MC) WDD 18.11.50
Pte.	PEOPLES T.N. (Argyles attd Black Watch)	WDD 2.8.52
Pte.	PETTY J.	WDD 7.10.50
Pte.	POOLE J.H. (KOSB attd Argyles)	WDD 7.10.50
Pte.	PROLL A. (KOSB attd Argyles)	WDD 30.9.50
Pte.	QUINN P.	WDD 30.9.50
Pte.	REID I.	WDD 30.9.50
Pte.	REUTH I.D.M.	WDD 4.11.50 DOW 11.11.50
Sgt.	RIGG E.	KIA 7.10.50
Pte.	RICHIE J.	WDD 7.10.50
L/Cpl.	ROBERTSON G.S.	WDD 18.11.50
Pte.	RODGERS A.	WDD 7.10.50
Pte.	ROY A.	WDD 30.9.50
L/Cpl.	SAUNDERS H.	WDD 30.9.50 as Cpl. WDD 28.4.51
Pte.	SAVAGE P. (Leics attd Argyles)	WDD 30.9.50
L/Cpl.	SELKIRK L.W. (Argyles attd KOSB)	WDD 17.11.51
Pte.	SHIPTON F. (Argyles attd KOSB)	WDD 29.10.51
Pte.	SHORT E. (Leics attd Argyles)	WDD 7.10.50
Pte.	SIDEY D.	WDD 30.9.50
Pte.	SIMPSON D.	WDD 30.9.50
Pte.	SIMPSON J.L. (Argyles attd KOSB)	WDD 17.11.51
Pte.	SINCLAIR P. (KOSB attd Argyles)	WDD 7.10.50
Pte.	SMITH D. (Argyles attd KOSB)	MSG 17.11.51 KIA 1.3.52
Pte.	SMITH J.	WDD 7.10.50
Pte.	SMITH W. (Leics attd Argyles)	WDD 30.9.BO
Pte.	SPEAKMAN W. (VC)	WDD 17.11.51

	(Argyles attd KOSB)	
L/Cpl.	STACK R.C.	KIA 18.11.50
L/Cpl.	STEDEFORD G.	WDD 28.4.52
2/Lt.	STIRLING J.	WDD 30.9.50
Sgt.	SUTHERLAND S.J. (Argyles attd KOSB)	KIA 17.11.51
Pte.	SUTHERLAND W.R.	WDD 16.9.50
Cpl.	SWEENEY R.R.	WDD 30.9.50
L/Cpl.	SYME R.	WDD 18.11.50
Pte.	TAYLOR T.	WDD 23.9.50
Pte.	TELFORD E. (Argyles attd KOSB)	MSG 17.11.51
Cpl.	THOMSON J.A.	WDD 18.11.50
Pte.	THOMSON W. (Argyles attd KOSB)	WDD 17.11.51
Pte.	VALLOISE V. (Argyles attd KOSB)	WDD 17.11.51
Pte.	VERNON R. (KOSB attd Argyles)	WDD 7.10.50
Pte.	WAGSTAFF G. (Argyles attd KOSB)	WDD 17.11.51
Sgt.	WALKER A.	WDD 16.9.50
L/Cpl.	WARD H.	WDD 30.9.50
Pte.	WATSON A.	WDD 28.4.51
Pte.	WATT W.	WDD 7.10.50
Pte.	WELSH J.	WDD 23.9.50
L/Cpl.	WHITEHOUSE D.	WDD 7.10.50
Cpl	WHITTINGTON R	KIA 7 10 50
Pte.	WILLIAMSON S. (Leics attd Argyles)	WDD 7.10.50
Pte.	WILSON G.M. (Argyles attd KOSB)	WDD 9.6.51
Pte.	WOODBURN R.H. (Leics attd Argyles)	WDD 30.9.50 WDD 23.9.50
Pte.	WOLLARD J. (Argyles attd KOSB)	WDD 17.11.51
Cpl.	WOOD D. (Argyles attd KOSB)	WDD 17.11.51
Pte.	WOOD W.	KIA 7.10.50
Pte.	YOUNG L. (KSLI attd Argyles)	WDD 21.4.51
2/Lt.	YOUNGER A.J. Hon. (Argyles attd Black Watch)	WDD 6.12.52

THE GLIDER PILOT REGIMENT.

Sgt.	CAMERON J.R.	MSG Bel. POW 23.5.53

ROYAL ARMY CHAPLAINS DEPARTMENT.

Ch. 4th Class	DAVIES S.J. (Attd Glosters)	MSG 3.5.51 POW 5.11.51

THE ROYAL ARMY SERVICE CORPS.

Dvr.	ARMSTRONG F.	WDD 28.7.52
Dvr.	BLACKWELL J.	WDD 9.6.51
Dvr.	CARTER W.J.	WDD 2.5.51
L/Cpl.	CHURCHLEY A.	WDD 2.5.51
Dvr.	GARDNER B.	MSG 23.12.50 returned to unit 6.1.51
Dvr.	GOODWIN V.F.	KIA 20.10.51
Dvr.	GREENWOOb W.C.	KIA 9.6.51
L/Cpl.	HARRIS R.N.	MSG 23.12.50 returned to unit 6.1.51
L/Cpl.	HYLAND J.R.	MSG 2.5.51 POW 29.9.51
Dvr.	MOLLOY P.J.	WDD 28.4.51
Dvr.	NICHOLLS D.S.	WDD 28.4.51
2/Lt.	PATERSON H.N.C.	WDD 1.12.51
Dvr.	SANDERSON T.E.	WDD 30.8.52
Dvr.	SURTEES P.H. or "TH"	MSG 2.5.51 POW 6.10.51
Dvr.	TAYLOR W.J.	WDD 6.1.51
Dvr.	THOMPSON J.	MSG 2.5.51 POW 13.10.51

THE ROYAL ARMY MEDICAL CORPS.

Pte.	ARMSTRONG K.C.	MSG 2.5.51 POW 6.10.51
Cpl.	BARRON J.	WDD 17.11.51
Sgt.	BAXTER S.F.	MSG 4.5.51
Capt.	BEITH G.H.	KIA 20.10.51
Pte.	BROOME E.	MSG 2.5.51 POW 13.10.51
Cpl.	BRUTON E.T.	MSG 4.5.51 POW 13.10.51
Cpl.	CALDER H.E. or "HW"	MSG 2.5.51 POW 29.9.51
A/Sgt.	DAY N.W.	WDD 9.5.53
Capt.	DUNGAVEL T.	WDD 2.5.51
Pte.	ELLIOTT M.	WDD 2.5.51
Capt.	FERRIE A.M.	MSG 20.1.51 POW 17.11.51
Pte.	GARRETT D.	WDD 12.1.52
L/Cpl.	GARWOOD P. (RAMC attd Norfolks)	KIA 4.10.52
Cpl.	GEARY F. or "FE"	MSG 3.5.51 POW 6.10.51
Cpl.	GORSTON G.	WDD 13.6.53
Cpl.	HANSFORD D. or "DW"	MSG 3.5.51 POW 13.10.51
Capt.	HART T.S.	WDD 4.10.52
Capt.	HICKEY R.P.	MSG 2.5.51 POW 29.9.51
Cpl.	HILTON D.	WDD 2.6.51
Cpl.	HOUGH J.	MSG 20.1.51
Pte.	JANMAN E.J.	MSG 2.5.51
Capt.	JONES J.E.	WDD 15.12.51
Cpl.	MANNING H.	MSG 4.5.51
Cpl.	MARSHALL E.	MSG 4.5.51 POW 10.11.51
Pte.	MITCHELL A.	WDD 8.12.51
Cpl.	PAPWORTH C.	MSG 4.5.51
Capt.	PATCHETT D.R.	MSG 3.5.51 POW 13.10.51
Cpl.	PICKERSGILL R. (RAMC attd R.Fus)	WDD 13.12.52
Cpl.	TAYLOR J. or "JH"	MSG 20.1.51 POW 29.10.51
Pte.	WEBSTER W.C.	MSG 2.5.51
Pte.	WELCH J.	WDD 30.6.51

THE ROYAL ARMY ORDNANCE CORPS.

2/Lt.	CLARK D.A. (RAOC attd Kings)	WDD 20.10.52
Lt.	LLOYD-DAVIES G. (RAOC attd. Argyles)	WDD 16.9.50
2/Lt.	LOCK J.O.M.	KIA 6.1.51
Pte.	SMITH W. (RAOC attd Black Watch)	MSG 6.12.52
2/Lt.	WHITE G.A. (RAOC attd Middx)	KIA 30.9.50

THE CORPS OF ROYAL ELECTRICAL AND MECHANICAL ENGINEERS

Cfn.	BALL E.V.	WDD 20.1.51
Capt.	CUTHBERT P.K.	WDD 5.7.52
Cfn.	DUFFY W.	MSG Bel. POW 23.5.53
Capt.	HARVEY F.H.	WDD 5.11.51
W02	HOPKINS J.	WDD 5.11.51
Cfn.	HULLEY J.J. (REME attd 5 DG)	WDD 14.6.52
L/Cpl.	MATTHEWS R.F.	MSG 3.5.51 POW 3.10.51
L/Cpl.	McKELL A.G.	MSG 20.1.51
Cfn.	REED R.	KIA 20.1.51
Cfn.	SQUIRES D.E.	WDD 6.1.51
Cfn.	WATKIN E. (REME attd Black Watch)	WDD 9.5.53
Cfn.	WHITFIELD N.H.	WDD 20.1.51

THE ARMY PHYSICAL TRAINING CORPS

WO2 STRONG S.G. or "F.Strong" — MSG 3.5.51, POW 29.9.51

—f—

THE ARMY CATERING CORPS.

Pte. ALLEN W.J. — WDD 21.1.51

Pte. BAGGOTTS D. — WDD 21.1.51

Pte. BYRNE M. — MSG 3.5.51

Pte. CAMPBELL J. — MSG 3.5.51

Cpl. FLEGG A.W. or "A" — MSG 3.5.51, POW 13.10.51

Pte. GRAY D.F. (ACC attd DLI) — WDD 2.5.53

Sgt. HAWKES P.D. — MSG 3.5.51

Pte. JONES G.J. (ACC atts Welch) — WDD 22.12.51

Pte. McDONNELL P.J. — MSG 21.1.51

Pte. McKAY J. (ACC attd Welch) — WDD 21.7.52

Pte. MOSELEY A. — MSG 2.5.51

Pte. PIDOUX J.M. (ACC attd Black Watch) — WDD 9.8.52

Pte. SMALLSHAW P.J. — KIA 21.5.51

Pte. STEYENS F.H. — MSG 3.5.51

Pte. VENNING A.H.J. — MSG 3.5.51, POW 6.10.51

Pte. WALTON F. (ACC attd Norfolks) — WDD 28.6.52

Cpl. WATKINS I.M. — MSG 3.5.51, POW 13.10.51

Pte. WATSON J.A. — MSG 3.5.51, POW 13.10.51

Pte. WILLIAMS W.I.H. (ACC attd R.Artillery) — WDD 5.11.51

Pte. WOOD S. (ACC attd Norfolks) — WDD 4.10.52

—f—

THE ROYAL NAVY

Lt. BARRETT R.E. HMS Glory — MSG Pres. Killed 31.12.52

A.B. BRAVINGTON J. HMS Concord — KIA 26.4.52 P/SSX 847311

A.B. COMFORT M.J. HMS Mounts Bay — KIA 12.8.52 (Results of enemy shell fire)

Lt. (P) COOLES G.H. — MSG Pres. Killed 17.3.51

A.B. CREECH C.R. — WDD 8.12.50 (41 ind.cdo. rm 29 Nov 50 Chosin Reservior ops)

Lt. (P) DANIELS A.P. (DSM) — MSG pres. Drowned 19.12.52

Lt.Cdr.DICK R.A. (DSC) — MSG Pres. Killed 28.7.52

Aircrewman 1st Class EDWARDS L.M. HMS Ocean — MSG Pres.Killed 22.5.52

A.B. ELWORTHY B. HMS Mounts Bay — Ser. WDD 12.8.52 (Results of enemy shell fire)

A.B. FILLER R.J. HMS Mounts Bay — Ser. WDD 12.8.52 (Results of enemy shell fire)

O.S. GODSALL R.A.J. HMS Jamaica — DOW 27.9.50 (Machine gunned off Korea by hostile aircraft)

A.B. GREENWOOD A.B.F. HMS Concord — KIA 26.4.52 P/SXX 836486

Naval Airman 1st Class HERBERT R.F. HMS Ocean — MSG Pres.Killed 22.5.52

Pilot/3 JOHNSON H. — MSG Pres. Killed after Opn. Flt. 14.4.51, POW 22.12.51

S/Lt(P) KEATES W.J.B. HMS Glory — MSG Pres. Killed 30.4.53

Sgn/Lt. KNOCK D.A. — MSG 8.12.50, KIA 14.12.50 (41 ind.cdd.rm.on 29 Nov 50. Chosin Reservoir)

S/Lt. LANKFORD D.A. (RNVR) — MSG 6.12.51

SB.P/O LLOYD J.P. — WDD 8.12.50 (41.ind.cdd.rm.on 29 Nov 50. Chosin Reservoir)

Lt.(E) MATHER D.G. — MSG 8.1.53

Lt. McGREGOR J.T. HMS Glory — MSG Pres. Killed 30.4.53

A.B. McQUEEN A.C. — Ser. WDD 12.8.52
HMS Mounts Bay (Results of enemy shell fire)

Naval/AMM PENMAN D. — MSG 6.12.S1

LDG.SBA RAINE D. — MSG 8.12.50
(41 ind.cdo.rm.29 Nov 50. Chosin Reservoir)

S/Lt. RAYNER B.E. — MSG 8.1.53

Aircrewman RIPLEY E.R. — MSG Pres.Drowned 19.12.52

Lt.(P) SHARP J.H. — MSG Pres. Killed 19.7.51

A/S/Lt. SHEPLEY I.R. — MSG Pres. Killed 19.7.51

A/S/Lt. SIMONDS J.M. — MSG Pres. Killed 8.1.53

A.B. SKELTON C. — KIA 6.12.51
HMS Cockade

Mr. SPARKE T.W. — MSG Pres. Killed after sortie on 18.7.51
Commd. Pilot

Lt.(P) STEPHENSON E.P.L. — MSG Pres. Killed 5.5.51

A.B. WARD R.E. — Ser.WDD 12.8.52
HMS Mounts Bay (Results of enemy shell fire)

Aircrewman lstClass WELLS G.B. — MSG Pres. Killed 30.6.51

Lt. WILLIAMS R.O.B. T — MSG Pres. Killed 19.7.51

Lt. Cdr. WILLIAMSON-NAPIER — MSG Pres. Killed 22.5.52

THE ROYAL MARINES

*Mne AHERN G. — MSG 8.12.50

*Mne BALCHIN G.F. — MSG 8.12.50
POW 22.12.51

Mne BANFIELD P.H. — Pre.MSG
now POW 22.12.51

*Cpl. BEADLE F. — MSG 8.12.50
POW 29.11.50
POW 22.12.51

*Cpl. BELSEY J.E. — KIA 8.12.50

*Mne. BRAMBLE G. — WDD 8.12.50

Mne. BROWN W.E. — REP MSG 7.12.50
POW from 29.11.50
POW 22.12.51

*Mne. CHEESEMAN G.E. — WDD 8.12.50

*Mne. CONDRON A.M. — MSG 8.12.50
POW 22.12.51

*Mne. COX A.M. — MSG 8.12.50
POW 22.12.51

*Cpl. CRUSE E. — WDD 8.12.50

*Mne. CULLY J. — WDD 8.12.50

*Cpl. CURD E.J. — MSG 8.12.50
POW 22.12.51

tMne. DARBY T. — MSG 8.12.50
POW 22.12.51

*Sgt. DAVIES R.G. — MSG 8.12.50

Qms. DAY J. — Prevs.MSG
now POW 22.12.51

*Sgt. DICKENS L.J.F. — WDD 14.11.50

*Mne. DUMNRICK T. — WDD 8.12.50

*Mne. FELLOWS R.E. — MSG 8.12.50
WDD 14.12.50

*Mne. GARNER I. — KIA 8.12.50

*Lt. GOODCHILD D.I. — WDD 8.12.50

*Mne. GOODMAN J.E. — MSG 8.12.50
POW 22.12.51

*Mne. GRAHAM J.L. — KIA 8.12.50

Cpl. HAMILL T.R. — MSG Pres.Drowned
Det.from "Belfast" 7.3.52

*Mne. HARPER A.H. — WDD 14.12.50

Lt. HARWOOD J.G. — KIA on 30.6.51

*Mne. HAYES L.A. — WDD 8.12.50

*Mne. HAYHURST F.C. — WDD 8.12.50

*Mne. HEARD L.A. — MSG 8.12.50

Mne. HICKS F.S. — Prev.MSG
now POW 22.12.51

*Mne. HIGGS R.K. — WDD 8.12.50

*Mne. HILL C.R. — KIA 8.12.50

*Mne. HILLS S.E. — MSG 8.12.50

*Mne. HURD D. — WDD 8.12.50

*Mne. IRISH W.G. — WDD 14.12.50

Sgt. JAMES J.H. — MSG Pres.Drowned
Det. from "Belfast" 7.3.52

*Sgt. JAMES R.W.D. WDD 8.12.50

*Mne. JAUNCY W.L. MSG 8.12.50
KIA 14.12.50

*Cpl. JOHNSTON S.C. WDD 8.12.50

Mne. JONES P.R. KIA 2.10.50
(41 cdo rm) Times 7.10.50

*Mne. KING G. WDD 14.12.50

*Capt. MARSH L.G. WDD 8.12.50

*Mne. MARTIN B. MSG 8.12.50
POW 22.12.51

*Mne. McCOURT J. KIA 8.12.50

*Mne. McKEE C. MSG 8.12.50
POW 22.12.51

*Bugler McROBERT G.J.C.H. WDD 8.12.50

*Mne. MELLING H. MSG 8.12.50

*Mne MURPHY P.D MSG 8 12 50
POW 22.12.51

*Mne. NEEDS R.J. MSG 8.12.50
POW from 29.11.50

*Mne. NICHOLLS R. MSG 8.12.50

*Mne. OGLE R. MSG 8.12.50
POW 22.12.51
POW 29.11.50

*Capt. PARKINSON-CUMING R.N. (MC) MSS 8.12.50

*Mne. PARKINSON P.J. MSG 8.12.50

*Mne. PAYNE G.J. WDD 8.12.50

*Mne. PAYNE J.S. WDD 8.12.50

*Mne. PEPPER J. WDD 14.12.50

*Mne. PERKINS S.P. WDD 14.12.50

Cpl. PESKETT J.W. Prev.MSG
now POW 22.12.51

*Mne. PRESCOTT C.H. WDD 8.12.50

Cpl. RICHARDS G.E. Prev.MSG
now POW 22.12.51

*Cpl. RICHARDS G.R. MSG 8.12.50

*Mne. ROBERTS F. WDD 8.12.50

*Mne. SKELTON S. MSG 8.12.50

*Cpl. SOUTHWORTH R. MSG 8.12.50

*Mne. STOCK E.J. WDD 14.12.50

*Mne. STANLEY J.A. WDD 8.12.50

*Mne. STRAIN E. MSG 8.12.50
KIA 14.12.50

*Mne. STRAY D.W. KIA 8.12.50

*Cpl. TODD R. WDD 8.12.50

*Mne. TOOGOOD A.V.H. WDD 8.12.50

*Cpl. TREAGUS D.R. MSG 8.12.50

Cpl. TREAGUS G.R. Prev,MSG now
POW 22.12.51

*Cpl. TROTT C.E. MSG 8.12.50
KIA 14.12.50

*Mne. UNDERWOOD J. MSG 8.12.50
POW 22.12.51

*Mne. WALKER W.A. MSG 8.12.50
KIA 14.12.50

tCpl. WEBB E.H. WDD 8.12.50

*Cpl. WILLIAMS K.J.T. MSG 8.12.50

*Mne. WILSON J.M. WDD 8.12.50

*Mne. WOODWARD K.A. WDD 8.12.50

*Mne. WOOLRIDGE R. KIA 8.12.50

*Mne. WYETH K. MSG 8.12.50
POW from 29.11.50

* Indicates casualties sustained by 41 Cdo RM on 29th November 1950 during operations with U.N. Forces in Hungnam area of N.E. Korea (Chosin Reservoir)

THE ROYAL AIR FORCE.

F/Lt. MATHER T.J. 28.10.51. Crash landed behind Communist lines. Picked up by U.S. Helicopter. (See Times)

THE ROYAL ULSTER RIFLES.

Battle Honours For The Korean War.

1) Seoul (Date of battle 2-4th January 1951)
2) ImJim (Date of battle 22-25th April 1951)
3) Korea, 1950-1951.

Cpl.	ADAIR W.	MSG 20.1.51
Rfn.	AGNEW T.	MSG 20.1.51 POW 6.10.51
Rfn.	AICKEN A.	MSG 20.1.51 POW 13.10.51
Rfn.	AKID E.	MSG 20.1.51
L/Cpl.	ALBERTS P. (Wilts attd RUR)	WDD 28.4.51
Rfn.	ALEXANDER J.T.	MSG 20.1.51
Rfn.	ALTIMAS A.	MSG 3.5.51 POW 29.9.51
Rfn.	ANDERSON J.R.	MSG 12.5.51 POW 6.10.51
Rfn.	ANDERSON N.	MSG 4.5.51 POW 13.10.51
Rfn.	ANDERSON W.C.	MSG 20.1.51 Captured 3.1.51 POW 15.12.51 Released 24.4.53 Times 25.4.53
L/Cpl.	ASHTON W.J.	MSG 20.1.51 KIA 19.1.52
Rfn.	AUSTIN D.S.	KIA 20.1.51
Rfn.	BAIRD J.	MSG 31.3.51
Capt.	BALDERS N.A.M. (Suffolks attd RUR)	DOW 10.3.51
Sgt.	BALFOUR N.E.	MSG 20.1.51 POW 16.6.51
Cpl.	BARBOUR H.	MSG 20.1.51 POW 25.8.51
Rfn.	BARNETT T.	WDD 3.2.51
Rfn.	BARTLETT J.R.	MSG 20.1.51
Cpl.	BAXTER J.	MSG 3.5.51 POW 13.10.51
Rfn.	BAYLISS J.L.	WDD 10.3.51
Lt.	BECKETT J.A. (Lancs Fus.attd RUR)	Prev.Msg now rejoined 23.12.50
Rfn.	BELL L.	MSG 20.1.51 now MSG Bel. POW 17.1.53 died as POW 13.6.53
Lt.	BENSON R.	WDD 20.1.51
Rfn.	BERGIN J.	KIA 20.1.51
Rfn.	BERRY P.T.	WDD 3.5.51
Pte.	BLACK I.N. (RUR attd DWR)	MSG 13.6.53 KIA 11.7.53
Major	BLAKES C.A.H.B.	MSG 20.1.51 KIA 30.6.51
Rfn.	BOCKINS N. (Glosters attd RUR)	WDD 4.8.51
Lt.	BOUFORD-DAVIES E.R.	MSG 20.1.51 POW 25.8.51
Rfn.	BOWERS E.	WDD 20.1.51
Rfn.	BOYD R.	MSG 3.5.51 POW 13.10.51
Rfn.	BOYLE G.	WDD 30.6.51
Rfn.	BRANNAN T.	MSG 3.5.51
Rfn.	BRIERLEY C.S.	MSG 3.5.51 POW 29.9.51
Rfn.	BRODIE F.	MSG 20.1.51 POW 23.6.51
Rfn.	BROOKE R.H. (RUR attd KOSB)	WDD 17.11.51
Rfn.	BROWN D. (MM)	MSG 4.5.51
L/Cpl.	BROWN E. (Glosters attd RUR)	WDD 2.5.51
Rfn.	BROWN S.	WDD 2.5.51
Rfn.	BROWN T.W.	WPD 20.1.51
Rfn.	BUCKLEY J.J.	MSG 20.1.51
Sgt.	BUCKLEY T.J.	WDD 3.5.51
Rfn.	BUNBY M.B.	MSG 20.1.51 Died as POW 1.8.53
Rfn.	BURCHER J. or"Butcher"	MSG 20.1.51 Died as POW 13.6.53
Rfn.	BURROW L.	MSG 3.5.51 POW 29.9.51

Rfn.	BURTON H.	MSG 20.1.51 MSG 3.5.51 POW 29.9.51
Rfn.	BURTON J.C.	MSG 20.1.51 POW 15.9.51
Rfn.	BUSTARD J.C.	MSG 20.1.51 Died as POW 13.6.53
L/Cpl.	BUXTON W.	MSG 20.1.51
Rfn.	BYRNE T.	WDD 2.5.51
Rfn.	CAIN R.	WDD 20.1.51
Rfn.	CALLAGHAN J.P.	WDD 20.1.51
Rfn.	CANAVAN B.	MSG 20.1.51 POW 1.12.51
Rfn.	CANNING L.	WDD 4.8.51
Rfn.	CANNON H.W.	WDD 20.1.51
Rfn.	CARLYLE A.	WDD 20.1.51
Rfn.	CARR R.	WDD 2.5.51
L/Cpl.	CARTER J.	WDD 20.1.51
Rfn.	CARTLEDGE	MSG 20.1.51
Rfn.	CHARTERS F.J.	WDD 3.5.51
Rfn.	CLANCY S.P.	WDD 20.1.51
Rfn.	CLARK L.	MSG 2.5.51 POW 29.9.51
Rfn.	CLARKE C.D.	MSG 12.5.51
Rfn.	CLARKE G. (RUR attd KSLI)	KIA 8.12.51
Rfn.	CLARKE H.G.	WDD 20.1.51
Rfn.	CLARKE K.	MSG 20.1.51
Cpl.	CLAYTON V.K.	MSG 3.5.51
Rfn.	CLIFFORD R.S.	MSG 20.1.51 POW 22.10.51
Rfn.	CLUGSTON R.J.	WDD 20.10.51
Capt.	COCKSEDGE G.W.H. (MC) (Innisk attd RUR)	WDD 10.2.51
Rfn.	COLBORN G.F.	WDD 3.5.51
Cpl.	COLLETON W.	MSG 20.1.51 re-joined WDD 19.5.51

Rfn.	CONNER J.	MSG 3.5.51 POW 6.10.51
Pte.	COOK R. (Glosters attd RUR)	MSG 2.5.51
Sgt.	COPPING G.S.	WDD 20.1.51
Rfn.	CORDERY H.J.	MSG 3.5.51 KIA 7.7.51
Rfn.	CORDNERS S. or "Cordner"	MSG 3.5.51 POW 13.10.51
Rfn.	COUPE J.	MSG 3.5.51 POW 29.9.51
Rfn.	COYLE W.	WDD 4.8.51
Rfn.	COYNE P.J.	MSG 3.5.51 POW 6.10.51
Rfn.	CRAIG R.	MSG 20.1.51
Rfn.	CRAWFORD D.	MSG 3.5.51
Rfn.	CRILLY F.	MSG 20.1.51 POW 20.9.51
Cpl.	CUNNINGHAM S.	WDD 20.1.51
Rfn.	CUNNINGHAM W.H. or "W"	MSG 3.5.51 POW 13.10.51
Cpl.	DALY J.	WDD 20.1.51
Cpl.	DAVIDSON W.	MSG 20.1.51
Rfn.	DAVIES W.O.	MSG 20.1.51 KIA 10.11.51
Rfn.	DAVIS E.W.	WDD 23.12.50
Rfn.	DAVISON J.	MSG 20.1.51 POW 8.12.51
Rfn.	DAY E.	WDD 2.5.51
Rfn.	DEAN	WDD 2.5.51
Capt.	DOCKER T.G. or "PG"	MSG 2.5.51 POW 6.10.51
Rfn.	DODD R.	MSG 20.1.51
Rfn.	DOHERTY J.	MSG 20.1.51 POW 10.11.51
Pte.	DONE J. (Glosters attd RUR)	WDD 2.5.51
Rfn.	DONELLY J. or "Donnelly"	MSG 20.1.51 KIA 10.11.51

Rfn.	DOLLEY N.	MSG 3.5.51 captured 25.4.51 POW 29.9.51 released 24.4.53 Times 25.4.53
Rfn.	DORAN J.	KIA 3.5.51
Rfn.	DOUEY T.	WDD 15.9.51
Rfn.	DOUGAN M.	WDD 3.2.51
Rfn.	DOWIE J.	MSG 3.5.51 POW 6.10.51
Rfn.	DOYCE J.T.	KIA 10.3.51
Rfn.	DOYLE M.R. (RUR attd KSLI)	WDD 15.12.51
Lt.	DUNLOP V.A. (Kings attd RUR)	MSG 2.5.51
Rfn.	DUNN P.	MSG 3.5.51
L/Cpl.	DYTOR F.	MSG 20.1.51 KIA 28.7.52
Rfn.	EDWARDS A.	WDD 20.1.51
Pte.	EDWARDS L.C. (Glosters attd RUR)	WDD 2.5.51
Rfn.	ELLIOTT L.	MSG 20.1.51
Rfn.	ELLSMORE S.F.	MSG 20.1.51
Rfn.	ENGLISH E.	MSG 20.1.51 POW 15.9.51
Cpl.	EVANS R.	MSG 20.1.51
Rfn.	FARROW C.H.	MSG 3.5.51
Rfn.	FITZGERALD F.	MSG 2.5.51
Rfn.	FITZPATRICK J.D.	WDD 20.1.51
L/Cpl.	FLANAGAN T.	MSG 20.1.51 POW 6.10.51
Rfn.	FLEMING E.	WDD 20.1.51
Rfn.	FLETCHER K.	MSG 4.5.51 KIA 8.11.52
Rfn.	FLETCHER W.J.	WDD 2.5.51
Rfn.	FOGARTY C.	MSG 20.1.51
Rfn.	FORBES J.J.	WDD 23.6.51
Rfn.	FOSTER M.	MSG 20.1.51
Rfn.	FULTON D. or "DG"	MSG 20.1.51 POW 29.10.51
Rfn.	FRY W.G. (RUR attd. KSLI)	WDD 8.12.51
Major	GAFFIKIN H.M.	WDD 20.1.51
Sgt.	GAIR D.	MSG 3.5.51
Rfn.	GALES H.W.	WDD 6.1.51
Rfn.	GAMBLE J.	MSG 3.5.51 POW 29.9.51
Rfn.	GARNER H.W.	MSG 20.1.51
Rfn.	GERRENS W.	WDD 20.1.51
Rfn.	GIBSON E.G.	WDD 2.5.51
Rfn.	GIBSON W.A.	MSG 3.5.51 POW 13.10.51
L/Cpl.	GILL A.	MSG 20.1.51
Rfn.	GILLESPIE J.	MSG 20.1.51 POW 13.10.51
Rfn.	GORE R.	MSG 20.1.51 POW 8.12.51
Rfn.	GORMAN T.	WDD 19.5.51
Rfn.	GOULDSBOROUGH	MSG 3.5.51
Rfn.	GRACE G.	MSG 20.1.51
Rfn.	GRAHAM S.J. or "S"	MSG 20.1.51 POW 15.12.51
Rfn.	GREEN A.	WDD 28.4.51
Rfn.	GREEN R.	MSG 20.1.51
L/Cpl.	GREENE P.	WDD 20.1.51
Rfn.	GREER S.H.	MSG 20.1.51 POW 22.9.51
Rfn.	GRIFFITHS E.	MSG 20.1.51
L/Cpl.	GRIMBLE M.	WDD 20.1.51
Rfn.	HALL M. (RUR attd KSLI)	KIA 8.12.51
Rfn.	HANKINSON C.	WDD 23.12.50
Cpl.	HANNAWAY J.	MSG 27.1.51
Rfn.	HANNON T.J.	WDD 2.5.51
L/Cpl.	HARDACRE S.J. or "S"	MSG 3.5.51 POW 29.9.51

Rfn. HARDING J. (RUR attd KOSB) — WDD 17.11.51

Rfn. HARPER F. — MSG 20.1.51; POW 13.10.51

L/Cpl. HARRIS S. — MSG 20.1.51

Rfn. HASETT J. — MSG 3.5.51

Rfn. HEALEY S. — MSG 20.1.51

Rfn. HEANEY W. — MSG 20.1.51; POW 23.6.51

Rfn. HEATH H. — WDD 20.1.51

Rfn. HEAVEY H. — WDD 30.6.51

Rfn. HENDERSON J.D. — WDD 3.5.51

L/Cpl. HENNESSY P. — WDD 2.5.51

Pte. HEWARD J.D. (RUR attd Glosters) — DOW 10.3.51

Rfn. HIBBERT J. — MSG 20.1.51; POW 9.5.53

Rfn. HIGGINSON S. — MSG 20.1.51

Rfn. HILL B. — MSG 20.1.51

Rfn. HINCHCLIFFE A. — MSG 3.5.51; KIA 16.8.52

Rfn. HOBSON G.L. or "G" — MSG 3.5.51; released POW 20.4.53; Times 21.4.53

2/Lt. HODGKINS K.G. (Burders attd RUR) — WDD 13.10.51

Rfn. HOLLINGDALE A. (RUR attd KOSB) — WDD 17.11.51

Rfn. HOLMES T.J. — MSG 20.1.51; POW 22.12.51

Rfn. HOOKE J. — WDD 3.5.51

Rfn. HOPE H. — WDD 20.1.51

Rfn. HORAN J. — WDD 20.1.51

Rfn. HORDBIN J. — MSG 20.1.51

Rfn. HORTON T.H. — MSG 3.5.51; POW 6.10.51

Rfn. HOWARTH H. — MSG 12.5.51; POW 10.11.51

Rfn. HUGHES J. — WDD 20.1.51

Rfn. HULL J. — MSG 3.5.51; POW 6.10.51

L/Cpl. HUNT N. — WDD 20.1.51

Sgt. HUNTER J.R. — MSG 3.5.51

Rfn. HURREN V.P. — MSG 3.5.51; KIA 7.7.51

Cpl. HYNDMAN C — WDD 20.1.51

L/Cpl. JOHNSON F. — MSG 20.1.51; WDD in hospital not MSG 27.1.51

Rfn. JOHNSON W. — WDD 20.1.51

Rfn. JOHNSTON D. — KIA 20.1.51

Rfn. JONES E. — WDD 20.1.51

Rfn. JONES H. — MSG 3.5.51; POW 10.11.51

Rfn. JONES H.H. — MSG 20.1.51

Rfn. JONES L. — MSG 3.5.51; POW 13.10.51

L/Cpl KARSLEY S. — WDD 3.5.51

2/Lt. KAVAGANAGH P.J.G. (Innisk attd RUR) — WDD 2.5.51

Sgt. KAVANAGH L. — MSG 20.1.51

Rfn. KAY J. — MSG 3.5.51; NB 2 Kay's reported POW — POW 29.9.51

Sgt. KEEN W.H. (Essex attd RUR) — WDD 10.3.51

Rfn. KELLY T.J. — MSG 20.1.51

Rfn. KENNEDY T. — KIA 20.1.51

Rfn. KEER J.T. — MSG 20.1.51; POW 13.10.51; now known to be KIA 23.5.53

Rfn. KEWIN E. — MSG 3.5.51; not MSG - WDD 12.5.51

Rfn. KING A. — KIA 20.1.51

Rfn. KNOX T.C. (RUR attd KOSB) — WDD 17.11.51

Rfn. LANGAN J. — MSG 20.1.51; POW 22.12.51

Rfn. LAVERY J. — WDD 4.8.51

Cpl. LAVERY J.S. — MSG 20.1.51

Rfn.	LAW S.J.	WDD 2.5.51
Sgt.	LENNON F.	MSG 3.5.51 KIA 16.2.52
Cpl.	LEWIS J.	KIA 2.5.51
Rfn.	LIDDLE H.	MSG 3.5.51 KIA 25.4.53
Rfn.	LIGGET W.H. or Liggett	MSG 20.1.51 POW 15.12.51
Rfn.	LODGE W.	MSG 20.1.51 POW 15.9.51
Rfn.	LORIMER T.W.	MSG 20.1.51 POW 22.12.51
Cpl.	LORIMER W.	MSG 3.5.51 KIA 17.1.53
Rfn.	LYONS E.B.	MSG 10.2.51 Died as POW 13.6.53
Rfn.	MAGEE J.	MSG 20.1.51 rejoined
Rfn.	MAGILL A.	MSG 4.5.51 POW 13.10.51
Rfn.	MAGUIRE R.W.	MSG 20.1.51 POW 10.11.51
Rfn.	MAHER D.	MSG 3.5.51
Rfn.	McALONEN E.R. or "EP"	MSG 3.5.51 POW 29.9.51
Rfn.	McARDALE K.B.	WDD 20.1.51
Rfn.	McBURNLEY W.	WDD 2.5.51
Rfn.	McCAIGUE T.P.	WDD 30.6.51
Rfn.	McCAIN R.J.	KIA 20.1.51
Capt.	McCALLAN A.J.	WDD 20.1.51
Rfn.	McCANN T.	MSG 3.5.51 POW 6.10.51
Rfn.	McCARTAM J.P.	KIA 3.5.51
Rfn.	McCLELLAND S.J.	WDD 20.1.51
Rfn.	McCLOSKEY J.	WDD 20.1.51
Rfn.	McCOLL W.	WDD 3.5.51
Rfn.	McCONAGHY T.	MSG 20.1.51 POW 22.12.51
Cpl.	McCONNEL W.J. or "McConnell"	MSG 20.1.51 KIA 10.11.51

Rfn.	McCORMICK R.J.	MSG 20.1.51 KIA 10.11.51
Rfn.	McC M CKEN H.	MSG 3.5.51 KIA 11.4.53
Rfn.	McCRACKEN R.J.	MSG 20.1.51
Rfn.	MACURRIE P. "Mc Currie"	MSC 20.1.51 Died as POW 1.8.53
Rfn.	McDONAGH J. or "JS"	MSG 27.1.51 POW 13.10.51
Rfn.	McDONALD F.	WDD 3 5.51
Rfn.	McDONALD R.J.A.	MSG 3.5.51
Cpl.	McGEOGHEGAN P.	MSG 20.1.51 KIA 8.9.51
Rfn.	McGIVEN T.	KIA 2.5.51
Rfn.	McGUIGAN J.	MSG 3.5.51 POW 13.10.51
Rfn.	McHAFFEY T.B.	MSG 20.1.sl POW 1.12.51
Rfn.	McINTYRE J.	WDD 3.5.51
Rfn,	McKENNA H,	WDD 2.5.51
Rfn.	McKENZIE S.	MSG 20.1.51 POW 29.9.51
Fus?	McKIE J.	WDD 19.5.51
Rfn.	McKINLEY G.	WDD 2.5.51
Rfn.	McKINLEY T.J.	WDD 20.1.51
L/Cpl.	McLAUGHLIN C.	MSG 3.5.51 POW 29.9.51
Rfn.	McLEAN W.J.	WDD 3.2.51
Rfn.	McLOGHLIN R.F.	WDD 2.5.51
Rfn.	McMILLAN F.	MSG 3.5.51 POW 13.10.51
Rfn.	McMULLAN J.	MSG 27.1.51 POW 13.10.51
Rfn.	MACNAB A.	MSG 20.1.51
Rfn.	McNALLY J.N.	MSG 20.1.51 POW released 20.4.53 Times 21.4.53
Rfn.	McNAMARA M. (RUR attd KSLI)	WDD 8.12.51

Rfn.	McNAUGHTON H.A. or "AJ"	MSG 2.5.51 KIA 10.5.52
Rfn.	McSHERRY M.	MSG 20.1.51 KIA 26.1.52
Rfn.	McWILLIAMS W.	MSG 20.1.51
Capt.	MAJURY J.H.S.	MSG 20.1.51 POW 25.8.51
Rfn.	MALLETT A.W.	MSG 3.5.51 POW 13.10.51
Lt.	MARSH H.J. (S.Lancs attd RUR)	MSG 2.5.51
Rfn.	MARTIN P.	WDD 20.1.51
Rfn.	MARTIN R.	MSG 3.5.51
L/Cpl.	MASSEY R.F.	WDD 3.5.51
Rfn.	MASSEY W.	WDD 20.1.51 Prev. reported MSG ? POW 23.6.51
L/Cpl.	MASTERS G.C.	WDD 20.1.51
Rfn.	MAY P.	MSG 20.1.51 POW 29.10.51
Rfn.	MEANLEY A.J.	MSG 20.1.51
Rfn.	MEGORAN P.	MSG 27.1.51
Rfn.	MELLOR J.B. or "RJB"	MSG 3.5.51 POW 13.10.51
Rfn.	MERCER W.B. or "W"	MSG 3.5.51 POW 13.10.51
Capt.	MILLER H.D.	WDD 3.5.51
Rfn.	MITCHELL D.	Captured 4.1.51 Released 26.4.53 Times 27.4.53
Rfn.	MONTGOMERY P.	MSG 3.5.51
Rfn.	MONTGOMERY S.	MSG 3.5.51
Rfn.	MOONEY A.F. or "A"	MSG 3.5.51 POW 6.10.51
2/Lt.	MOORE B. (RUR attd Norfolks)	WDD 12.7.52
Rfn.	MOORE F.	MSG 20.1.51 POW 8.12.51
Rfn.	MOORE J.	WDD 10.3.51
Cpl.	MOORE W.A. (MM) or "W" not KIA	MSG 20.1.51 30.6.51 ??

Rfn.	MORGAN P.	MSG 20.1.51
Rfn.	MOXHAM F.	MSG 20.1.51 POW 15.9.51
Rfn.	MULHALL C.	MSG 20.1.51
Rfn.	MULLAN S.B.	MSG 3.5.51
Rfn.	MULLEN J.	WDD 30.6.51
Rfn.	MULLIGAN B.	MSG 26.5.51
Rfn.	MURRAY C.C.	MSG 20.1.51 KIA 7.7.51
Rfn.	MURRAY G.	MSG 7.7.51
Rfn.	MURRAY J.W.	MSG 20.1.51
Rfn.	NEEHAN F.	WDD 3.5.51
Rfn.	NEESON P.	MSG 3.5.51
Rfn.	NELDER J. or "Needer"	MSG 3.5.51 POW 13.10.51
Rfn.	NEWMAN A.J.	MSG 20.1.51 KIA 30.6.51
Rfn.	NEWTON I.	WDD 20.1.51
Lt.	NICHOLL5 J.M.C. or "YMC Nicolls"	MSG 2.5.51 POW 17.11.51
Major	NIXON Sir C.J. (Bart MC)	WDD 2.5.51 WDD 10.3.51
Rfn.	NORMAN R.	MSG 3.5.51 not MSG - WDD 12.5.51
Sgt.	NUGENT F.	M5G 20.1.51
Rfn.	OAKLEY S.	MSG 3.5.51 POW 13.10.51
Rfn.	OATES H.	MSG 20.1.51
Rfn.	O'CONNOR T.A.	MSG 3.5.51 POW 13.10.51
L/Cpl.	O'CONNOR W.	WDD 2.5.51
Rfn.	O'GORMAN J.	KIA 10.3.51
Rfn.	O'HANLON F.	MSG 20.1.51 POW 22.12.51
Sgt.	O'HARA P.M.	MSG 20.1.51
Rfn.	O'KANE H.	MSG 3.5.51 POW 13.10.51
Cpl.	O'NEIL E.J.	WDD 2.5.51

Rfn.	ORR J.	MSG 3.5.51
Rfn.	OSTLE T.	KIA 20.1.51
Rfn.	PARKER J.	MSG 20.i.51
		POW 29.10.51
Rfn.	PARKINSON S.	MSG 3.5.51
		POW 13.10.51
Rfn.	PARTLOW D.	WDD 10.3.51
Rfn.	PAYNE H.	MSG 20.1.51
		POW 16.6.51
Rfn.	PEACH E.	MSG 20.1.51
		POW 8.12.51
Cpl.	PIERCE F.J.	WDD 20.1.51
Rfn.	PINDER C.A.	MSG 20.1.51
Rfn.	PLANT S.F.	MSG 20.1.51
		KIA 5.7.52
Rfn.	POLE E.I.A.	WDD 3.5.51
Rfn.	POLLARD W.G.	MSG 20.1.51
	or "GW"	POW 15.9.51
		Released 20.4.53
		Times 21.4.53
Rfn.	POLLOCK G.	WDD 20.1.51
		WDD 10.3.51
Rfn.	PORTER J.	MSG 3.5.51
2/Lt.	PRESCOTT-WESTCAR G.V.B.	MSG 20.1.51
		KIA 30.6.51
Rfn.	PRIOR R.	MSG 3.5.51
		POW 29.9.51
Rfn.	PRITT W.R.	MSG 3.5.51
		POW 29.9.51
Rfn.	QUINN A.T.E.	MSG 20.1.51
		POW 23.6.51
Rfn.	RAINEY J.	MSG 20.1.51
		KIA 28.7.52
Rfn.	RAMSAY C.	KIA 20.1.51
Sgt.	RANKIN S.J.H.	MSG 20.1.51
		rejoined ?
Rfn.	REA R.	WDD 20.1.51
Rfn.	REAGAN D.	WDD 4.8.51
Rfn.	REIDY M.	MSG 3.5.51
Rfn.	REYNOLDS F.	MSG 20.1.51
		POW 13.10.51

Rfn.	RIDING G.	MSG 3.5.51
Rfn.	RILEY T.	WDD 2.5.51
Rfn.	RITCHIE G.	MSG w.5.51
		POW 6.10.51
L/Cpl.	ROBB D.L.	WDD 20.1.51
Rfn.	ROBERTS R.F.	MSG 20.1.51
		POW Z2.12.51
		Released 21.4.53
		Times 22.4.53
Rfn.	ROBINSON S.	MSG 20.1.51
	or "H"	POW 13.10.51
		Died as POW 1.8.53
Rfn.	ROBINSON W.H.	MSG 4.5.51
Rfn.	ROBSHAW J.	MSG 3.5.51
		POW 13.10.51
Rfn.	ROSS E.	MSG 3.5.51
		POW 13.10.51
Rfn.	RYAN A.C.	WDD 2.5.51
Major	RYAN M D G C.	MSG 20 1.51
		POW 25.8.51
Rfn.	RYAN P.	MSG 20.1.51
		POW 8.12.51
Rfn.	SHANNON J.	MSG 20.1.51
		KIA 21.7.51
Rfn.	SHAW A.	MSG 3.5.51
		POW 29.9.51
Major	SHAW J.K.H. (DSO, MC)	MSG 2.5.51
		KIA 19.4.52
Rfn.	SHAW J.W.	MSG 20.1.51
	or "J"	POW 13.10.51
Rfn.	SHELLY A.	MSS 20.1.51
	or "Shelley"	POW 8.12.51
Rfn.	SHIELDS W.	MSG 3.5.51
	or "L/Cpl"	POW 6.10.51
Rfn.	SHORT L.	MSG 3.5.51
		KIA 28.7.52
Rfn.	SHUTE J.F.	WDD 2.5.51
Rfn.	SINGLAIR W.	WDD 20.1.51
Rfn.	SMALL A.S.	MSG 20.1.51
Rfn.	AMITH E.R.	WDD 10.2.51
Rfn.	SMITH G W.	MSG 20.1.51

Rfn.	SMITH H.	MSG 20.1.51 POW 29.10.51
L/Cpl.	SMITH J.	KIA 2.5.51
Rfn.	SMITH L.	WDD 2.5.51
L/Cpl.	SMITH R.	WDD 20.1.51
L/Cpl.	SMITH R.A.	MSG 3.2.51
Rfn.	SPEIRS T.J. or "T. Spiers"	MSG 3.5.51 POW 13.10.51
L/Cpl.	SPENCE J.	MSG 20.1.51
Rfn.	SPENCER E.F.	MSG 20.1.51 Captured 4.1.51 POW 15.9.51 Released 24.4.53 Times 25.4.53
Rfn.	STEPHENS W.	MSG 20.1.51 POW 22.9.51
Rfn.	STEVENSON J.	MSG 30.1.51
Sgt.	STEWART J.	WDD 2.5.51
Rfn.	STEWART S.	MSG 12.5.51
Rfn.	STONER B.	WDD 2.5.51
Rfn.	STREET W.	MSG 20.1.51
Rfn.	STRONGER W.	MSG 3.5.51 POW 13.10.51
Rfn.	SULLIVAN J.	MSG 20.1.51
Rfn.	SUTTON W.	MSG 20.1.51
Rfn.	SWINDELLS V.	MSG 20.1.51 POW 6.10.51
Rfn.	TAGGART A.	MSG 20.1.51 POW 22.9.51
Rfn.	TAGUE G.	WDD 20.1.51
Rfn.	TANNER L.G. or "L"	MSG 20.1.51 POW 1.12.51
L/Cpl.	THOMSON A.J.	WDD 19.5.51
Rfn.	TOMPSON W.H.	MSG 3.5.51
Rfn.	TICE A.E.	MSG 20.1.51
Rfn.	TIMMONS H.	WDD 20.1.51
Rfn.	TOSH G.	WDD 20.1.51
Rfn.	TRAYNOR T.	MSG 20.1.51 POW 6.10.51

Pte.	TUCKER H.	MSG 2.5.51
Rfn.	TUMLINSON W.	MSG 2.5.51
Cpl.	TURNER A.	MSG 20.1.51 KIA 10.11.51
Rfn.	TURNER J.A.	WDD 6.10.51
Rfn.	TWEEDIE J.	MSG 3.5.51
Rfn.	VALLrR E.J.	MSG 3.5.51 not MSG - WDD 12.5.51
L/Cpl.	VANCE M.	MSG 20.1.51 POW 22.9.51
Cpl.	VONCENT P.A.	WDD 30.6.51
Rfn.	WAIDE J.	MSG 20.1.51
Rfn.	WALLACE S.G.	MSG 20.1.51
Rfn.	WALSH G.	WDD 2.5.51
Rfn.	WARD M.O.	MSG 3.5.51 POW 6.10.51
Rfn.	WASHER R.	KIA 2.5.51
Cpl.	WHEELER E.	KIA 20.1.51
2/Lt.	WHITAMORE V.P.C. (Loyals attd RUR)	MSG 2.5.51
Rfn.	WHITE H.	WDD 10.3.51
Rfn.	WHITE S.	WDD 20.1.51
Rfn.	WHITE T.	MSG 20.1.51
Rfn.	WHITESIDE W.	WDD 2.5.51
Rfn.	WILCOX W.	MSG 20.1.51
Cpl.	WILLIAMS P.F.P.	MSG 20.1.51 POW 30.6.51
Cpl.	WISELEY W.J.	WDD 3.2.51
Rfn.	WOODHOUSE W.J.	MSG 20.1.51
Rfn.	WOODS E.F. "L/Cpl E."	MSG 3.5.51 POW 6.10.51
Rfn.	WOODS E.F.	WDD 20.1.51 also reported MSG 6.10.51
	see above second report of Woods of same name	
Rfn.	WRIGHT T.	KIA 20.1.51
Rfn.	YOUNG W.J. or "W"	MSG 3.5.51 POW 29.10.51

Lightning Source UK Ltd.
Milton Keynes UK
UKOW022346170113

204991UK00004B/139/A

9 781843 420101